되고 싶고
하고 싶고
갖고 싶은
37가지

이 책을 소중한

_____님에게 선물합니다.

_____ 드림

꿈을 만들어가는 사람들의
반짝반짝 빛나는 이야기!

되고 싶고
하고 싶고
갖고 싶은
37가지

김태광·이승열 외 35인 지음

시너지북

꿈을 당당히 외칠 수 있는 용기를 가져라

나는 어릴 때 항상 원하는 것을 종이에 적었다. 초등학생 때는 일기장에 다양한 꿈을 그렸고, 중학생 때는 다이어리에 하고 싶은 일을 적어나갔다. 고등학생 때는 처음으로 산 핸드폰 메모장에 원하는 목표, 갖고 싶은 목록을 가득 채웠다.

대학생이 되서는 막연히 직장인이 되면 하고 싶은 것을 하고, 갖고 싶은 것도 마음껏 살 수 있는 '멋진 어른'이 되리라 생각했다. 하지만 점차 간절히 바라는 것을 기록하고 생생하게 꿈꾸던 모습은 사라지고, 그저 주어지는 과업에 충실한 어른이 되었다.

나는 그렇게 뜨뜻미지근한 어른이 되어 있었다. 하지만 이내 삶의 시련을 통해 열렬히 구하고 바라고 희망하지 않는다면 삶의 열정과 에너지는 꾸준히 지속될 수 없다는 것을 깨달았다. 다시금 되고 싶고, 하고 싶고, 갖고 싶은 것을 하나씩 적으며 일어설 힘을 채웠다. 구체적이고 명확한 상상을 했고, 그 욕망은 행동을 이끌어내며 원하던 것을 눈에 보이는 결과로 만들어주었다. 성취감이 누적될수록 평범하고 단조롭던 일상은 생기를 띄기 시작했다.

이 책의 저자들은 되고 싶고, 하고 싶고, 갖고 싶은 것을 외칠 수 있는 '용기'를 냈다. 자신이 갈구하는 미래를 끌어당길 수 있는 생각의 씨앗을 뿌렸다. 간절히 열망하고 꾸준히 행동한다면 '꿈'은 '현실'이 되고 당연한 '일상'이 된다. 지금 당장 되고 싶은 모습과 하고 싶은 일을 명확히 제시하며 갖고 싶은 것을 생생하게 시각화하자. 당신이 그 목표와 진정 하나가 될 때 비로소 기적 같은 변화를 이룰 수 있다.

2016년 1월
임원화

목차

들어가며 ······4

01 5년 동안 500명의 작가 배출하기_김태광 ······13

02 메신저가 되어 사람들에게 꿈과 희망 심어주기_이승열 ······19

03 사람들에게 부에 대한 멘토 되어주기_이석풍 ······26

04 1인 기업가로 전 세계에 영혼의 힐링 쉼터 운영하기_김미경 ······33

05 31세부터 작가와 강연가로 활동하기_김승혜 ······41

06 인재교육양성 드림에듀케이션 설립하기_김은숙 ······49

07 전 세계에 드림 스쿨 설립하기_정현지 ······55

08 대한민국의 트레이딩 열풍 선도하기_배단한 ······63

09 대한민국 치과위생사들의 멘토 되기_박지현 ······71

10 대한민국 1등 유아행복전문가 되기_허은지 ······81

11 중남미 진출을 주도하는 문화 콘텐츠 전문가 되기_최민석 ······85

12 꿈을 향해 앞만 보고 나아가기_김신미 ······93

13 멘토가 필요한 사람들을 위한 강연가 되기_소준환 ······100

14 해피네 가족 아메리카 대륙 1년 여행하기_김정현 ······107

15 꿈꾸는 동안(童顔) 되기_이선경 ······113

16 인생의 해답을 찾는 독서법을 알리는 북코치 되기_김용분 ······119

17 포기하지 않고 항상 꿈꾸는 사람 되기_박범숙 ······126

18 '한국 수퍼스탭7' 우승하여 전국적으로 강연하기_전아영 ······133

19 인생 설계 상담가 되기_한채명 ······143

20 1시간 30분만 더 솔리튜드(Solitude)로 살기_박효은 ······149

21 작가와 1인 기업가로 인정받기_김선영 ······155

22 힐링마을 원장 되기_김유진 ······162

23 셀프 Fun 경영 멘토 되기_황진선 ······169

24 서울과 도쿄에 작업실 있는 집 마련하기_임경원 ······175

25 네일리스트를 꿈꾸는 이들의 비전 되기_신현주 ······182

26 해외로 판권 수출되는 베스트셀러 작가 되기_김현아 ······189

27 꿈과 힐링을 돕는 러블리메신저로 살아가기_나영채 ······196

28 하고 싶은 일 바로 실행하기_이경남　　　　……207

29 돈나무가 열리는 시스템을 만들어 원하는 삶 살기_이선영　……213

30 대한민국 최고의 대중 강연가 되기_양지숙　　　　……220

31 1년 뒤를 상상하며 꿈을 기록하기_임원화　　　　……226

32 손님들과 추억이 깃든 카페 만들기_신태용　　　　……233

33 사랑하는 아들과 함께 세계여행하기_조경애　　　　……239

34 많은 이들에게 힘을 주는 글을 쓰기_김새해　　　　……246

35 영감을 창조하는 호텔 설립하기_김우선　　　　……253

36 아픔을 빛으로 승화시키는 일류 시인되기_김나리　　……260

37 책을 써서 제2의 인생 살기_이향미　　　　……267

1-9

김태광 이승열 이석풍 김미경
김승혜 김은숙 정현지 배단한 박지현

되고 싶고
하고 싶고
갖고 싶은
37가지

1

5년 동안 500명의 작가 배출하기

— 김태광

〈위닝북스〉, 〈시너지북〉, 〈추월차선〉 출판사설립자, 기네스북 등재 작가
저술과 강연을 통해 500여 명을 작가와 강연가, 코치, 컨설턴트로 만들었다. 2011년 〈대한민국
기록문화대상〉, 2012년에 〈대한민국신창조인대상〉, 2013년에 〈도전한국인대상〉을 수상했다.
최단기간 최다집필 공적으로 '기네스북'에 등재되었으며 지금까지 200여 권의 책을 집필했다.
현재 네이버카페 〈한국 책쓰기 성공학 코칭협회〉를 운영하고 있다.
• E-mail_ vision_bada@naver.com

　사람은 나이가 적고 많고 간에 누구나 나름의 보이지 않는 지적 자산을 갖고 있다. 그 자산을 저서와 강연, 코칭, 컨설팅의 형식으로 필요로 하는 사람들에게 제공하고 대가로 돈을 받으면 된다. 나는 이런 사람을 '메신저'라고 정의한다. 어디에도 얽매여 있지 않으면서 자신의 지적 자산을 팔며 만족감을 느끼는 메신저야말로 최고의 직업이다.

　현재 나는 네이버 카페 〈한국 책쓰기 성공학 코칭협회(이하 한책협)〉를 운영하며 사람들이 책을 써서 작가, 강연가, 코치로 살 수 있도록 돕고 있다. 그들에게 '지식'과 '경험', '삶의 깨달음'을 돈으로 바꾸는 기술을 전수하고 있다.

지금의 나는 나름 성공한 인생을 살고 있지만 과거에는 그렇지 않았다. 20대 시절, 3년 반 동안 서울의 고시원에 틀어박혀 원고 집필에 몰두하면서도 수백 군데의 출판사로부터 퇴짜를 맞아야 했다. 첫 책 계약 후 고향인 대구로 내려와 직장생활을 하면서 책을 쓰기 위해 고군분투하는 가운데 갑작스런 아버지의 죽음을 겪고 그 후 수천만 원에 달하는 빚을 유산으로 상속받는 등 나를 좌절하게 하는 일들은 수없이 많았다. 당시, 누구에게도 기댈 곳이 없는 현실에 맞닥뜨려 무너지고, 좌절했다. 그러나 현실을 부정하고 탓해봐야 조금도 상황이 나아지지 않는다는 걸 깨닫고, 인생을 바꾸는 방법은 오지 '책 쓰기'밖에 없다는 절실한 생각으로 책을 쓰는 데 전부를 걸었다.

18년 동안 책 쓰기만 해 온 나의 인생에 희망이 생겼다. 포기하기 않고 끊임없이 책을 쓰고 책이 출간되면서 목표대로 작가로서의 꿈이 하나씩 이루어졌다. 작가의 꿈을 품고 책을 쓴 지 3년 만에 첫 책을 내고, 9년 만에 중국과 대만, 태국 등지에 저작권을 수출했으며 교과서 6권에 나의 글이 실리게 되었다. 작가로서 여러 분야에서 인정받으며 상을 받고, 우리나라 최초로 최연소 최단기간 최다집필 공적으로 '기네스북'에 등재되었다. 18년간 책 쓰기에 올인하여 200권이 넘는 저서를 펴냈다. 지금은 대한민국 대표 책 쓰기 코치로서 다양한 분야의 사람들에게 책 쓰기 코칭과 성공학 강의를 하고 있다.

5년간 500여 명의 평범한 사람들을 코칭했다. 그 가운데 작가, 강연가, 코치, 컨설턴트로서 운명이 바뀐 사람들은 헤아릴 수 없이 많다. 2명을 예로 든다면, 권동희 작가는 《당신은 드림워커입니까》를 펴내 작가로 데뷔한 뒤 《베스트셀러 작가 되는 비법》, 《미친 꿈에 도전하라》를 펴내 롯데백화점 전국 지점 순회 특강을 하기도 했다. 그녀는 〈한책협〉 회장으로 있으면서 서울지방경찰청, 한국HRD교육센터, 교보문고 광화문점, 한국출판문화산업진흥원, 한국경제TV 생방송 출연, 서울지방경찰청 독후감대회 심사위원 위촉, 롯데백화점 전국 지점 순회 특강, 이화여대 등 전국을 무대로 강연과 멘토링, 코칭을 함으로써 직장인과 학생들을 드림워커처럼 살도록 돕고 있다.

《1인 기업이 갑이다》의 저자 윤석일 작가는 어떠한가? 스피치 컨설턴트이자 자기계발서 작가이며 1인 창조기업 코치인 그는 20대 때부터 자기계발 강사를 꿈꾸었다. 그러곤 한눈팔지 않고 충실히 노력한 결과, 그 꿈을 이루어 현재 전국의 기업과 단체, 기관, 대학 등에서 열정적으로 강연을 펼치고 있다.

앞에서 소개한 두 사람은 저서를 출간한 뒤 자신의 운명의 판을 갈았다. 과거에는 밥벌이를 위해 어쩔 수 없이 직장생활을 했다면 지금은 진정으로 좋아하는 일을 하며 자신의 눈부신 미래를 만들어가고 있다.

우리는 글을 잘 쓰는 사람, 책을 잘 쓰는 사람이 세상을 움직이는 시대에 살고 있다. 따라서 글을 잘 쓰지 못하거나 책을 펴내지 않고선 결코 퍼스널브랜딩을 할 수 없다. 나와 당신이 가진 것은 꿈과 노력, 도전정신밖에 더 있는가. 여기에다 책 쓰기를 통해 저서를 추가해야 세월을 벌면서 보다 빨리 성공할 수 있다.

갈수록 기대되는 인생을 살고자 한다면 꼭 1년에 2권 이상의 저서를 펴내야 한다. 책을 쓰다 보면 쓰고자 하는 주제에 대해 깊이 파고들 수 있다. 그래서 자연스레 체계적이고 깊이 있는 공부를 할 수 있게 된다. 그 분야에 대해 진짜 전문가로 거듭나는 것이다.

저서는 최고의 학위다. 나는 대학원에 다니며 석사, 박사 학위를 따는 것보다 제대로 된 저서 한 권을 출간하는 것이 자신을 퍼스널브랜딩하는 데 훨씬 도움이 된다고 믿는다. 주위를 둘러보면 널려 있는 게 석사, 박사다. 직장 상사의 눈치를 보거나 대출까지 받아가며 대학원에서 석사, 박사 학위를 땄지만 제자리를 찾지 못해 힘들게 사는 사람들이 수두룩하다. 반면에 저서 출간을 통해 강연가, 칼럼 기고가로 활동하거나 자신의 이름을 딴 1인 기업을 만들어 잘나가는 이들도 많다.

방송작가 김수현 씨는 한 인터뷰에서 이렇게 말했다.

"나는 후배 양성에 뜻이 없다. 조금 더 시간이 지난 뒤에는 좋은 드라마를 쓸 수 있는 품성과 자질을 갖춘 사람 딱 3명을 뽑아 내가 가진 모든 것을 나눠주고 싶다는 생각을 한 적이 있다. 하지만 그럴 시간과 계획이 만들어질 것 같진 않다. 드라마 작가는 양성한다고 만들어지는 것이 아니다. 자신의 재능과 성실함, 노력으로 스스로 성장해야 한다."

작가는 키워지는 것이 아니라 스스로 크는 것이라는 뜻이다. 하지만 나는 달리 생각한다. 과거에 나는 출판사와 첫 책을 계약하기 위해 400회 이상을 거절당했다. 나는 책 쓰기에 목숨을 걸었기에 작가로 데뷔하고 1인 기업가로 성공할 수 있었다. 그런데 세상에는 시간적인 제약과 공간적인 제약으로 작가, 강연가의 꿈을 실현하지 못하는 이들이 수없이 많다. 이들을 위해 〈한책협〉에서 3개월 만에 책을 써내는 비법을 전수하고 있다.

나는 사람들에게 무늬뿐인 스펙보다 자신만의 스토리와 콘텐츠를 담은 저서를 써야 한다고 말한다. 그 이유로 다음 네 가지를 꼽는다.

첫째, 책 쓰기는 나를 발전시키는 최고의 공부법이다. 하나의 책을 쓰기 위해서는 방대한 양의 자료와 그에 따르는 연구가 필요하다. 일련의 과정에서 탁월한 자기계발의 성과를 거둘 수 있다.

둘째, 책 쓰기를 통해 자신이 가진 지식을 구체적이고 체계화시킬 수 있다. 책을 쓰면서 그 분야를 좀 더 확실하게 정리할 수 있고, 체계화시킬 수 있다.

셋째, 책 쓰기는 사회의 공익에 도움이 된다. 내가 쓴 책에는 그동안 축적되었던 지식과 인생 경험, 철학 등이 담겨 있다. 따라서 누군가에게 위로가 되고 희망이 될 수 있다.

넷째, 책 출간의 기쁨은 무엇과도 비교되지 않는다. 첫 책 출간의 기쁨은 자신에게 자부심을 안겨줄 뿐 아니라 평생 잊히지 않는다.

세상에 자신의 존재감을 알리기 위한 방법으로는 당신이나 나와 같이 평범한 사람에게는 책 쓰기밖에 없다. 지금처럼 내가 1년에 많은 책을 쓰고, 강연을 다니고, 칼럼을 쓰고, 책 쓰기 코칭까지 하며 사람 구실을 할 수 있게 된 것 역시 책 쓰기 덕분이다. 이젠 내가 가진 책 쓰기 비법을 바탕으로 '10만 명 저자 만들기' 프로젝트에 집중할 것이다. 그리하여 그들 역시 나처럼 한 번뿐인 인생 후회 없이 뜨겁고 치열하게 살 수 있도록 돕겠다.

2

메신저가 되어
사람들에게 꿈과 희망 심어주기

영업 전문가, 세일즈 컨설턴트, 자기계발 전문가, 동기부여가
이 세상에서 단 한 가지만 배운다면 '영업'을 배워야 한다고 주장하는 남자다. 내성적이고 소극
적인 성격이지만, 자신의 강점을 부각시켜 자신만의 방법으로 최고의 세일즈맨이 되었다. 11년
넘게 의약분야 영업을 하며 여러 세일즈 상을 수상했다. 저서로는 《보물지도4》가 있고, 현재
자신의 경험과 생각을 녹여낸 세일즈 저서를 집필 중이다.
• E-mail_ na_sy@naver.com

김태광의 저서 《10대에 알았더라면 좋았을 것들》에는 아래와 같
은 이야기가 나온다.

자동차 판매 왕으로 유명한 H사의 이 상무. 그의 학력은 고졸이
지만 회사 내에서 가장 영업 잘하기로 소문이 자자하다. 한 해에 그
가 판매하는 자동차는 300대가 넘는다. 동료들은 그에게 종종 영업
성공 비결이 무엇이냐고 묻는다. 또한 그에게 영업 성공 비결을 배
우고자 하는 기업이나 학교, 관공서에서 강의를 해달라는 부탁이 쇄
도한다.

과연 그에게 어떤 비결이 있는 것일까? 한마디로 말하면 특별한
비결 같은 것은 없다. 단지 그가 남과 다른 점은, 다른 세일즈맨들은

2. 이승열 | 19

차를 살 사람, 안 살 사람을 미리 구분해서 인사를 건네지만 그는 모든 사람들에게 진심으로 인사를 건넨다는 것이다. 그는 장삿속으로 대충 인사를 하는 것이 아니라 진심으로 모든 이들을 존중하는 마음으로 인사를 한다.

그는 자신의 영업 비결을 이렇게 말했다.

"영업 비결이 따로 있는 건 아닙니다. 아침부터 저녁까지 늘 최선을 다했을 뿐이죠. 그리고 제가 만나는 모든 사람들에게 적극적으로 인사를 했고, 그렇게 나를 홍보했습니다. 나 외에는 어디를 가든 고객이라고 생각했기 때문입니다. 한 가지 더 말씀드린다면, 차에 이상이 있을 때 당장 달려가고, 고장이 났다 하면 서비스카를 보냈습니다. 그런 사소한 것들이 고객들 마음에 감동을 준 것 같습니다."

이 상무가 수많은 세일즈맨들을 제치고 자동차 판매왕이 된 데는 그만한 이유가 있다. 적극적인 인사의 힘을 잘 활용한 것이다. 이 상무는 사람들에게 인사를 하면서 자신의 이미지를 각인시키며 고객을 만들 수 있었다.

당신은 영업을 어떻게 생각하는가? 사전에는 세일즈맨이 "물품 또는 용역(보험 등)을 고객에게 직접 판매하는 판매원 또는 판매 외교원."이라고 정의되어 있다. 우리 주위에는 많은 세일즈맨이 있다.

하지만 그중 몇몇은 단순하게 상품의 장점만을 말하며 그 순간에 물건 파는 데만 급급한 영업사원들이다. 우리는 이런 영업사원에게 물건을 사는 것을 꺼리게 된다. 고객은 영업사원이 자신을 진심으로 대하는지, 아니면 돈으로 보는지 직감적으로 알 수 있다. 그래서 영업사원들은 자신이 판매하는 제품의 장점과 단점, 제품을 활용할 수 있는 방법과 불편한 점에 대해 솔직하게 말해야 한다. 왜냐하면 고객의 최종결정에 도움을 주는 존재가 바로 세일즈맨이기 때문이다.

도키 다이스케는 《왜 나는 영업부터 배웠는가》에서 이렇게 말하고 있다.

"영업은 고객에게 상품이나 서비스를 파는 것이 전부가 아니다. 영업에는 모든 직종을 통하는 노하우와 사고방식이 내포되어 있다. 영업은 고객에게 필요한 정보를 전달하고 판단을 돕는 일이다. 회사에서 상사에게 안건을 제안하고 결정을 요구하는 일을 영업에 비유하자면, 고객에게 상품이나 서비스를 구매하도록 제안하는 일과 같다. 영업을 이해한다면 상사를 수월하게 자신의 편으로 포섭해 원하는 방향으로 결정을 유도할 수 있다."

"나는 영업이랑 상관없는 사람인데, 왜 내가 영업을 알아야 하지?"라고 반문할 수도 있지만, 여러분은 일상생활에서 매일매일 영업을 하고 있다. 예를 들어 시장에서 가격을 깎거나 덤을 달라고 행동을 하는 경우나, 연인관계로 발전되는 일은 상대방에게 나의 존재를 알려 그 사람이 나의 진가를 알아줄 때 성사되는 것이다. 영업은 바로 일상 속에서 나 자신을 파는 행위이다. 또한 회사에 취직하기 위해 이력서와 자기소개서를 쓰는 것 자체가 일종의 영업이다. 이처럼 우리는 자신도 모르는 사이에 자신을 마케팅하고 있는 것이다.

무일푼으로 성공한 전형적인 자수성가형 백만장자이자 세계적인 성공 컨설턴트인 브라이언 트레이시. 과거 그는 누구보다 비참한 생활을 했다. 힘든 가정환경과 고등학교 중퇴자의 신세에 지나지 않았던 그는 접시닦이, 주유소 주유원, 화물선 잡역부 등을 전전하며 낡은 중고차를 보금자리 삼아 추운 겨울을 보내기도 했다.

그러나 영업을 시작한 뒤 꿈과 목표를 설정하면서 그의 인생이 달라지기 시작했다. 그는 종이에 자신조차 믿을 수 없는 꿈과 목표를 적었다. 처음 그가 적었던 목표는 방문 판매를 통해 매달 1천 달러를 번다는 것이었다. 물론 30일 후 거짓말처럼 그의 인생은 송두리째 바뀌었다. 판매 실적을 비약적으로 높인 실력을 인정받아 매달 1천 달러의 월급을 받고 판매사원을 교육하게 되었다.

처음 브라이언 트레이시를 알게 된 것은 첫 제약회사에서 영업할 때이다. 그 당시 나는 지금과 달리 영업이 너무 어려웠다. 처음 거래처를 맡고 나서 의사들을 어떻게 대해야 할지, 어떻게 인사를 해야 할지, 어떻게 제품을 설명해야 할지, 거절당하면 어떻게 행동해야 할지, 면담시간을 몇 분 이내에 끝내야 하는지, 마지막에는 어떻게 인사하고 나와야 하는지 등등 모든 것이 어려웠다.

나는 주변 사람들에게 물어보고, 나름대로 많은 공부를 했지만 오히려 더 혼란스러웠다. 그래서 그때 서점으로 가서 구입한 책이 바로 브라이언 트레이시의 《세일즈 성공전략》이었다. 이 책은 나에게 신세계를 알려주었다. 지금까지 고민하던 모든 것들이 이 책 안에 담겨져 있었다. 물론 한국 실정과 맞지 않는 부분도 있었지만, 영업이 그냥 사람을 만나는 것이 아니라는 것을 깨달았다. 책에 나와 있는 대로 실천하니 영업실적이 조금씩 성과를 보이기 시작했고, 다른 영업 책들과 자기계발서를 구입해 읽기 시작했다. 의외로 자기계발서도 영업에 적용할 수 있는 많은 내용이 담겨져 있는 것을 알게 되어 점점 더 영업에 빠져들었고, 일하는 것이 즐거웠다. 책을 읽고 영업에 활용하니 또 다른 나만의 영업방법이 만들어졌다. 그 결과, 첫 회사에서 전국 신규왕을 2년 연속 수상하게 되었고, 영업은 나의 길이라고 확신했다.

영업 잘하는 사람을 생각하면 어떤 이미지가 떠오르는가? 음주가무에 능하고, 호탕하고 외향적인 사람이 잘한다고 생각하는가? 물론 많은 사람들이 그렇게 생각하고 있다. 하지만 회사에서 영업 잘하는 사람 중에 의외로 술 못 먹고, 잘 못 놀고 내성적인 사람이 많다. 영업의 원리와 전략을 안다면 누구나 잘할 수 있는 것이 영업이다.

영업사원은 다른 회사원들과 달리 자기의 본봉과 추가로 자기의 실적에 따라 더 많은 수당을 받는다. 남들보다 더 많은 돈을 벌면서 계속 승진하고, 또 한 계단씩 올라가서 결국에는 성공자의 삶을 살게 된다. 이는 글로벌 시장을 주도하는 기업들의 수장들은 '영업사원 출신'이 많다는 사실로도 증명된다. 영업을 통해 당신의 인생도 180도 달라질 수 있다.

나의 꿈은 영업 아카데미를 만드는 것이다. 영업의 'A to Z'까지 가르쳐 주고 싶다. 하지만 정해진 커리큘럼으로 누구에게나 똑같이 가르치는 것이 아니라 그 사람의 장점과 단점을 파악하여 맞춤형으로 영업방식을 가르쳐주고 싶다. 그 이유는 사람마다 영업하는 방식이 다르기 때문이다. 그 사람의 장점을 부각시켜주기 위한 일대일 커리큘럼과 자신감 훈련, 영업 화법, 성공 이미지까지 배우면 누구나 최고의 세일즈맨이 될 수 있다.

내가 지금 알고 있는 지식을 10년 전에 알고 있었다면, 내 인생은 지금보다 더 성공했을 것이다. 그러나 후회는 없다. 그동안 시행착오를 거치며 남들과 다른 나만의 스토리로 살았기 때문이다. '성공 영업 메신저'로서 내가 겪은 시행착오를 알려주어 그들에게 시간을 벌게 해줄 것이고, 나의 노하우와 조언을 통해 단기간에 성공할 수 있도록 도움을 줄 것이다.

나는 사람들에게 영업의 재미를 가르쳐 인생의 행복함을 전달하고 싶다. 나만 열어볼 수 있는 보물 상자가 아니라 누구나 열어볼 수 있는 보물 상자를 만들어 최고의 세일즈맨을 꿈꾸는 이들을 응원하며 돕겠다.

3

사람들에게 부에 대한 멘토 되어주기

― 이석풍

〈한책협〉 코치, 성공학 컨설턴트, 〈부의 추월차선〉 연구소장, 작가
세 번의 죽을 고비를 넘겼지만 그때마다 살아 돌아왔다. 2007년 사고로 반신불구가 될 뻔 했으나 기적적으로 완치가 되었고, 그 일은 삶의 터닝포인트가 된다. 깨달음과 의식적인 삶에 관심이 많아 사람들에게 부와 의식을 전해줄 책을 쓰고 있다. 대한민국 최고의 기부재단을 설립하는 게 꿈이다. 저서로는 《부자혁명》이 있다.
• E-mail_ seansign@naver.com
• Blog_ http://blog.naver.com/seansign

'피겨여왕' 김연아, '두 개의 심장' 박지성, '코리안 특급' 박찬호, 지휘자 금난새, UN사무총장 반기문.

우리는 종종 수많은 유명인들의 인생역전 이야기를 TV나 뉴스, 잡지 등을 통해서 접하곤 한다. 그들의 공통점은 인생을 바꿔주는 누군가가 있었다는 것이다. 그 누군가는 부모나 스승이 될 수도 있고, 친구가 될 수도 있다. 또, 책 속에서 만난 누군가가 될 수도 있다. 분명한 것은 그들에겐 인생을 좀 더 나은 방향으로 이끌어 주는 멘토가 있었다는 사실이다. 멘토의 영향력을 먹고 자란 그들은 또다시 그들의 영향력을 대중들에게 전파함으로써 세상이 부러워하고 존경하는 자리에 설 수 있었다.

역사상 세상을 이끌었던 리더들도 위대한 사람들로부터 영감을 얻고, 그들을 멘토로 삼았으며 그들의 영향력 아래 배움과 지지를 구해 자신의 인생을 성공으로 이끄는 발판으로 삼았다.

멘토의 영향력이란 것이 얼마나 값지고 아름다운가!

2008년 리더스북에서 나온 《영향력》이란 책에는 이런 말이 나온다.

"성공을 위해 열심히 일하는 것도 중요하지만 성공으로 가는 더 큰 열쇠는 영향력을 얼마나 발휘 할 수 있느냐에 달려 있다."

책이 출간되자마자 우연히 서평이벤트에 당첨되어 읽었었는데, 당시 그 책도 멘토에 관한 책으로 나의 삶에 큰 울림을 주었다. 그리고 어떻게 사는 것이 가장 가치 있고 행복하며 성공한 삶인가를 생각해 볼 수 있는 계기가 되었다. 그 뒤로 아주 어릴 적부터 만나왔던 내 내면의 자아와 대화를 나누었고, 그 속에서 나는 세상을 가장 값지게 사는 방법을 발견하게 되었다. 그리고 '수많은 사람들에게 울림을 줄 수 있는 멘토가 되자'는 새로운 꿈을 가지게 되었다. 그렇게 꿈이 정해지자 내 가슴이 두근거리기 시작했다. 그 꿈은 학창시절에는 1년에 1권 읽기도 힘들었던 책을 가까이 하게 만들었고, 그 전에는 보이지 않던 수많은 길을 찾을 수 있도록 도와주었다. 이젠 멘토가 되는 것이 나의 숙명이란 생각마저 든다.

지금에 와서 든 생각이지만 사실 그 이전에도 이런 두근거림이 있었다. 인터넷에서 카페 활동을 하며 사람들의 마음을 울리는 길고 짧은 글들을 남기고, 내 글들에 붙어있는 희망 섞인 다양한 코멘트와 추천수를 보며 뭔가 모를 희열을 느끼곤 했다. 어찌 보면 그러한 나의 의식들이 나를 지금의 길로 이끌었는지도 모를 일이다.

그리고 2014년 9월, 삶의 방향을 바로 잡을 수 있는 중요한 선택을 하게 되었다. 그 선택으로 소중한 멘토를 만날 수 있었다. 일 때문에 들른 서점에서 우연히 발견한 책 한 권, 그 책이 나의 꿈을 다지는 데 영향력을 준 멘토를 만나게 해줬다. 그 책은 〈한책협〉의 김태광 총수가 쓴 《마흔, 당신의 책을 써라》였는데, 직장생활에 묻혀 있던 나에게 꿈을 다시 꿀 수 있게 도와주었다. 책을 덮자마자 김태광 총수가 진행하는 1일 특강에 참석해서 신선한 충격을 받았고, 특강을 마치고 집으로 돌아오는 내내 또 다른 두근거림을 느낄 수 있었다.

그렇다! 우리의 모든 현실은 과거의 선택에서 비롯된다. 그리고 중요한 순간에 어떠한 선택을 하느냐에 따라 그 결과가 모여 현재를 만들어낸다. 그 선택의 순간에서 탁월한 선택을 지속해 온 사람들은 성공을 하고 풍요로운 삶을 누릴 것이고, 그렇지 못한 사람들은 가난의 굴레 속에서 벗어나지 못하게 될 것이다. 이것은 그 사람의 잘

못이 아니다. 그 사람을 진실로 이끌어 줄 사람이 없었기 때문이다.

매번 중요한 선택의 순간에는 우리의 의식이 작동한다는 사실과 그 의식을 깨울 수 있도록 인도해 주는 이가 멘토라는 것을 이제야 알게 되었다.

나 역시 중요한 순간 과거의 잘못된 선택들로 인해 많은 어려움을 겪었다. 가난의 굴레 속에서 쉽게 벗어날 수 없었고, 빚에 시달려야 했으며 7년을 사랑했던 사람도 떠나 보내야했다. 그 후로도 돈 때문에 급하게 시작한 일로 사고를 당해 장애를 가지게 되었으며 믿었던 사람에게 배신까지 당하기도 했다. 그런 아픔들은 나를 수렁으로 밀어 넣기보다 깊은 고뇌의 과정을 겪게 만들었고, 신의 응답과도 같은 깨달음을 얻을 수 있는 계기가 되었다. 전화위복이 된 셈이다. 더불어 많은 책들을 읽고 내면의 소리를 귀담아 들음으로써 부와 의식은 이란성 쌍둥이요, 부를 끌어들이고 삶을 풍요롭게 만드는 이면에는 깨어있는 의식이 반드시 존재한다는 사실을 깨우치게 되었다.

이제 그 깨우침을 전파하는 부의 멘토가 되기 위해 먼저 나 자신에게 더 나은 미래를 제시하고, 내면의 모든 것을 변화시키고자 한다. 영향력을 펼친다는 것은 사람들에게 더 나은 미래를 제시해주는 작업이다. 누군가의 멘토가 되려면 나 자신 먼저 더 나은 미래를 제시할 수 있는 사람이 되어야 한다고 생각하기 때문이다.

그 첫 번째로 책을 쓰고자 마음먹었다. 나의 원대한 꿈을 만들어 준 시발점 또한 책이었다. 나의 이 신념을 한 권의 책 속에 정성으로 담아낸다면 그 책은 영향력이라는 마법을 발휘해, 많은 이들의 의식을 깨우고 그들의 삶을 변화시키는 '멘토의 길'이 되어 줄 것이다. 뿐만 아니라 책 쓰기는 부의 멘토가 되려고 하는 나에게 또 다른 방식의 마음 수양이 된다. 젊은이들의 멘토로 유명한 공병호 소장도 "책을 쓰게 되면 인생에 대해 깊은 공부를 하게 되고 진실로 자기 자신을 돌아보게 된다."고 말했다.

처음에 이 글을 적을 때는 나의 첫 저서를 쓰기 위해 고군분투하고 있었다. 6개월의 시간이 흐르고 다시 이 글을 적고 있는 지금은 나의 첫 저서가 《부자혁명: 적게 일하고 기하급수적으로 버는 부자들의 추월차선 법칙 7》의 제목으로 세상에 나왔다. 글로 쓰면 이루어진다. 이 글을 처음 적을 때는 그저 꿈이었는데, 이제 그 첫 번째 꿈이 이루어졌다. 이 책은 이미 세상을 향해 나 대신 영향력을 펼치고 있다.

누군가 나에게 꿈이 뭐냐고 물었을 때 고등학교 졸업 전까진 과학자라고 대답했다. 하지만 대학교에 진학하여 디자인을 전공하다 보니 20대엔 디자이너가 꿈이었다가, 사회에 나와서 웹 방면의 일을 하다 보니 이름 있는 훌륭한 '웹 엠디'가 되는 게 꿈이었다. 하지만 그런 꿈들은 늘 성에 차지 않았다. 그보다 더 값지고 가슴을 뛰게 하는 꿈이 있을 거라 생각했다. 철이 든 탓일까? 이제야 제대로 된 꿈을 찾았다.

　요즘 전 세계적으로 퍼지는 불황으로 이렇게 어려운 때일수록 이끌어 줄 수 있는 누군가가 필요하다. 인간은 정신적으로 나약한 존재이기에 더욱 그렇다. 세상에는 누군가 이끌어 주지 않으면 쉽게 좌절할 사람들이 많다. 인간이 쉽게 좌절하는 이유는 그들의 인생에서 무엇이 진실인지 알려주는 사람이 없기 때문이다. 그 진실은 멀지 않은 곳에 있는 데도 말이다. 사실, 나 역시 그 진실을 몰랐었지만 책 속에서, 또 다른 멘토를 통하고 내면의 자아와의 대화를 통해서 그 방법을 깨우칠 수 있었다. 몰랐다기보다 잘못 알고 있었다는 말이 정확하겠다.

　다른 멘토들이 그러하듯 나 역시 진실을 모르고 방법을 몰라서 방황하는 많은 사람들의 가슴을 울리고 더 나은 미래를 제시해 줄 수 있는 '부의 멘토'가 되려 한다. 그렇게 많은 이들의 삶에 영향력을 펼칠 수 있다면, 그 영향력은 부메랑으로 내게 다시 돌아와 부와 명예와 자유를 안겨주고, 내 삶도 향기로 물들여 줄 것이라고 믿어 의심치 않는다. 뿐만 아니라 나의 버킷리스트 속에 있는 수많은 꿈들까지도 자연스레 현실로 이루게 만들어질 것이다.

"Dreams Come true."
　우리는 꿈이 이룬다고 하지만 영어에선 꿈이 오는 것이라고 표현한다. 꿈이 당신에게 다가오는 것이다. 당신의 버킷리스트 속에 잠들어 있는 꿈이 당신에게 다가올 수 있도록 길을 열어두라. 나의 꿈, '부의 멘토'가 오는 길은 나의 깨달음을 실은 책을 펴내는 것으로부터 시작됐다. 나의 원대한 꿈을 위한 첫걸음, 나의 첫 책이 2015년 안에 나오길 갈망했고, 이미 이루어졌다. 나의 열정 투자는 책 쓰기에 첫발을 내딛었던 2015년 여름부터 시작되었다.

마지막으로 크리스 와이드너의《영향력》에 나오는 다음 말을 기억해보자.

"따르고 배울 수 있는 멘토를 만난다는 건 정말 큰 행운이다. 그런 만남은 우리의 인생을 바꾸기 때문이다."

4

1인 기업가로 전 세계에
영혼의 힐링 쉼터 운영하기

— 김미경

초등교사 출신 1인 기업가, 의사소통 전문가, 자기계발 작가, 강연가
초등학교 교사로 15년간 재직하며 학생들을 가르쳤다. 현재 효과적인 부모역할훈련 강사 과정을
밟고 있다. 또한 엄마멘토링, 대화법 코칭과 상담, 강연을 통해 엄마들의 꿈과 자기계발을 응원
하는 〈MotherEarth〉 대표로 있으며 올해 봄 개인저서가 출간예정이다. 저서로는 《버킷리스트6》
이 있다.
- E-mail_ motherearth01@naver.com
- Homepage_ http://motherearth.co.kr

"선생님, 우리 엄마가 이번 달에도 우유 받아먹지 말래요."

1980년대에 나는 초등학생이었다. 그 시절, 한 지붕 아래에서 열세 식구의 대가족으로 살아 본 흔치 않은 경험을 했다. 또래에서 쉽게 찾아볼 수 없는 어린 시절의 경험은, 그 당시 우리 사회가 아직 물질적으로 풍요롭지 않다는 사실을 어려서부터 피부로 느끼게 된 계기가 되었다.

매월 학교에서는 우유 신청을 받았다. 그때마다 신청란에 스스로 가위표를 치고는 엄마를 핑계 삼아 제출하곤 했었다. 담임선생님께는 본의 아니게 거짓말을 한 학생이 되었지만 이렇게라도 부모님께

. 김미경 | 33

효도할 수 있다는 생각에 뿌듯했던 기억이 난다. 나는 외벌이로 공무원 박봉에 열두 식구를 먹여 살리시던 아버지와 7남매의 맏며느리로 큰살림을 도맡아 하시며 부업에, 가족들의 뒤치다꺼리에 허리 한 번 제대로 못 펴셨던 엄마의 모습을 보며 자랐다.

어느 겨울밤, 화장실을 가고 싶어서 잠에서 깨어 거실을 지나가던 중이었다. 두툼한 겨울 옷차림에 장갑을 끼고 출근길을 재촉하셨던 아버지. 그 곁에서 어머니는 커다란 머그잔에 남편을 위해 준비한 따끈한 차 한 잔을 들고 서 계셨다. 살짝 열어둔 현관문 사이로 어김없이 겨울밤의 찬 공기가 들어왔다. 따뜻한 이부자리에서 금방 나온 나는 산뜩 웅크린 채 부스스한 눈으로 두 분의 모습을 바라보았고, 모든 사람들이 잠든 시각에 출근하시는 아버지를 뵈면서 철부지 어린아이는 되지 말아야겠다고 생각했다.

어린 시절의 기억들을 꺼내다 보면 크게 웃고 활달했던 내 모습은 쉽게 생각이 나지 않는다. 무섭기만 했던 할아버지, 할머니 그리고 냉랭한 고모들과 삼촌 밑에서 마음이 그다지 편치 않았던 기억이 더 많다. 또한 다섯 명이나 되는 형제들 사이에서 부모님의 관심을 나눠가져야 했기에 늘 마음 한편에는 사랑에 대한 목마름이 있었다. 이런 가정환경 속에서 나는 생각보다 일찍 철이 들었던 모양이다.

크고 작은 내면의 상처로 뜨거운 눈물을 삼켰지만, 주위 분들에게는 '형제 중에 제일 활달한 아이', '책임감 강한 딸'로 불리며 자랐다. 엄마가 정해주신 직업을 목표로 공부해서 초등학교 교사가 되었고, 부모님께 최고의 딸은 아니었지만 걱정은 끼치지 않는 자식이 되고자 최선을 다했다. 직장에 나가서도 주어진 일은 처음부터 끝까지 완벽히 해낸다는 각오로 임했다. 이런 후배 교사를 눈여겨보셨는지, 그 당시 선배셨던 류향우 선생님께서는 멘토 역할을 자청하시며 '수업실기대회'에 출전해 볼 것을 권유해 주셨다. 운이 좋았는지 교사로서 최고의 영예인 최우수상과 경기도교육감표창까지 받게 되었다.

후에 알게 된 사실이지만, 심사자님들께서는 교사와 학생들이 소통하는 모습이 매우 편안해 보였으며 수업 중 아이가 코피가 났던 돌발상황에서도 자연스럽게 대처하는 새내기 교사의 모습에 높은 점수를 주셨다고 들었다. 이 일로 인해 학생들과도 쉽게 친해지며 소통하는 선생님이자 학부모님들께도 제법 괜찮은 담임교사라고 인정을 받으며 직장생활을 하게 되었다.

하지만 늘 마음 한편에는 어린 시절의 내가 웅크리고 있었다. '날 조금만 더 사랑해주지, 조금만 더 관심을 가져주지, 지치고 힘들었을 때 날 좀 응원해주지'라고 생각하며 부모님을 향한 꼬리에 꼬리를 물고 이어지는 섭섭한 마음은 끝이 없었다. 급기야 내면의 상처가 아이 둘을 낳고 육아를 하는 동안 터져 나왔고, 남들은 다 행복하게 잘사는 것 같이 보였던 그때, 내 자신이 한없이 초라해졌고 인생의 부진아로 느껴졌다. 하지만 마음의 감기가 왔다 갔다를 반복하던 그 시절에 고통의 구렁텅이를 빠져나오고 싶어서 발버둥쳤을 때, 나를 살린 것은 8할이 책 읽기였다. 책을 통해 나를 더 깊이 있게 들여다보게 되었고, 위로를 받았고 아픈 상처를 치유할 수 있었다.

《딸에게 보내는 심리학 편지》에서는, 어린 시절에 좀 더 자신에게 잘해주지 않았다고 엄마를 향해 하소연하는 딸에게 더 이상 엄마 탓을 하지 말라며 이렇게 말했다.

"너는 내 딸이기 전에 네 삶을 살아야 할 주체이다. 사람의 마음이 성장하는 데 적절한 좌절은 필수불가결한 비타민과 같다. 이는 정신을 단단하게 하고 독립된 자아로 성장하도록 만들어 준다."

책을 읽는 동안, 살면서 힘이 들 때마다 걸핏하면 어린 시절로 돌아가서 '조상탓'만 하던 내 모습이 떠올라서 무척이나 부끄러웠다. 과거의 나를 돌아보는 것은 언제나 아프고 힘든 일이다. 지금 처해 있는 현실이 버겁게 느껴질수록 과거의 상처는 더욱더 쓰리기만 할 것이다. 하지만 지난날의 나를 외면한 채, 찬란한 미래를 꿈꾼다는 것은 모래 위에 성을 쌓는 것과 마찬가지이다. 처음부터 잘 쌓아지지도 않을 뿐더러 쌓아올리는 내내 언젠가 무너질지도 모른다는 불안감은 시간이 지날수록 눈덩이처럼 커질 것이 분명하기 때문이다.

그러나 상처가 아프면 아플수록 그 고통을 벗어나기 위해 치열하게 노력한다면 반드시 성숙한 영혼으로 다시 태어날 수 있게 된다. 자신의 내면을 깊이 있게 들여다볼수록 진정 아름답고 강한 나와 만날 수 있다.

10여 년이 넘는 시간 동안 교직생활을 하면서 많은 아이들을 만났고, 학부모면담을 통해 아이들의 어머님들까지 만날 수 있었다. 학교생활에 어려움을 겪거나 친구들과 건강한 관계 맺기를 버거워하는 아이들은, 선천적으로 타고난 어려움이 있는 경우를 제외하고는 모두 가정의 문제와 연관되어 있었다. 아이 문제로 어머님들과 상담을 하다 보면, 아이와의 관계보다도 자신의 아픔에 눈물을 흘리시는 경우가 대부분이었다. 그 곁에서 해드릴 수 있는 일은 마음을 다해 경청해드리는 것, 함께 울어주는 것이 전부였다. 교사와 학부모의 모습이 아닌 엄마와 엄마, 여자와 여자 그리고 사람과 사람으로서 그 분을 뜨겁게 안아주는 일밖에는 달리 할 수 있는 일이 없었다.

면담을 끝내고 눈물을 닦으시는 학부모님을 본다. 그리고 그 분의 손을 조용히 잡아드리며 헤어질 때에 뜨거운 포옹을 한다. 그 엄마가 마주하게 될 현실은 예전과 달라진 것이 하나도 없을 것이다. 하지만 한 가지 분명한 사실은, 어머님들이 자신의 솔직한 모습을 고백하고 아이와 좋은 관계로 나아갈 수 있다는 믿음을 가진 후부터는 학교에서도 아이들의 모습이 조금씩 달라지기 시작했다는 사실이다.

타인과 소통하기 위한 공감, 수용, 경청, 소통이라는 말들은 상대방과 진정성 있는 관계를 맺기 위한 조건이기 이전에, 나와 내면의 내가 건강한 관계를 맺기 위해 먼저 행해져야 하는 인생의 예습 과제이다. 지난날에는 많이 아팠지만 그 아픔이 성장의 밑거름이 되어 다가오는 미래에는 더 괜찮은 사람이 될 것이라고 자신을 믿는 것이 중요하다. 내 안의 선하고 강한 힘을 믿으며 세상에 자신의 본모습을 공개하고 다시 일어서는 연습은 어른으로서 반드시 필요한 자율 학습이다. 이는 흔들리는 청춘들뿐만 아니라, 이 시대를 살아가는 모든 영혼들에게 반드시 필요한 단계라고 생각한다.

나는 이미 어른이 되었지만 어린아이였던 시절의 마음으로 세상을 보려고 노력한다. 우리 사회는 과거에 비해서는 물질적으로 매우 풍요로워졌다. 그러나 바쁜 현대인으로 살아가고 있는 우리 시대의 부모님들은 자신의 어릴 적 상처를 뒤돌아볼 충분한 여유가 없다. 또다시 자신의 아이들을 정신적으로 빈곤하게 만들고 있는지도 모를 일이다. 우리의 미래인 아이들이 각 가정에서 큰 상처 없이 건강하게 자랄 수 있기를 간절히 바란다. 충분히 존중받고, 사랑받고 자란 아이들이 우리 사회의 희망이고 미래라는 것은 굳이 첨언하지 않아도 불변의 진리이기 때문이다.

나는 "사랑하면 통한다."는 말을 철석같이 믿는다. 조금은 식상하지만 "사랑이 만병의 묘약."이라는 말을 믿는다. 그 사랑은 내 안에서 먼저 시작되어야 한다. 가정에서 사랑의 관계가 시작되는 출발점은 모자지간이다. 주양육자가 베푸는 따뜻한 사랑을 먹고 자란 아이들은 건강하다.

나는 전 세계에 영혼의 힐링 쉼터를 마련하고 싶다. 우선 모자관계의 따뜻한 기술을 전하는 엄마들의 놀이터를 만들 것이다. 그리하여 아이들과 소통하기 위해서 엄마들의 영혼이 먼저 건강해지도록 돕고 싶다. 행복한 가정이 많아지는 데 기여하고 싶다.

많은 엄마들이 어린 시절에 습득하지는 못했지만 엄마가 된 후부터라도 아이와의 건강한 관계 맺기를 위해서 꾸준히 노력하고 배운다면, 엄마 또는 주 양육자 안의 내적 불행은 더 이상 대물림되지 않을 것임을 확신한다.

전국 초등학교에 '꿈이 자라는 쉼터'를 운영하겠다. 스마트폰, 게임, 컴퓨터 그리고 학원 뺑뺑이에 부모님의 잔소리까지 제대로 된 휴식시간 없이 하루하루를 보내는 초등학생들이 온전히 자신을 들여다볼 수 있는 여백의 시간을 마련해주고 싶다. 그리하여 자신의 영혼에 자유 시간이 보장되어 꿈에 집중할 수 있도록 할 것이다. 학교를 편히 쉴 수 있는 곳으로 만들어서 아이들 가고 싶은 곳이 되었으면 한다. 그곳에서 엉뚱한 상상력을 발휘해보고, 자신이 무엇에 관심이 있고, 무엇을 할 때 가슴이 뛰는지를 알게 되어 궁극적으로 자신을 제대로 사랑하는 방법을 찾게 되기를 바란다.

　세상은 또다시 어떻게 바뀔지 아무도 모른다. 같은 시대를 살아가는 사람들도 자신의 신념, 관점에 따라서 이 세상에 대해 느끼는 바가 천지 차이다. 나는 '희망'이라는 말을 사랑한다. 나이 서른이 다 되어서 뒤늦은 성장통을 겪었지만, 그 기간이 있었기에 내 안에서 희망을 발견했고, 새로운 꿈을 꿀 수 있었다.

　"사람이 이 세상을 떠날 때, 관계만 남는다."라는 말을 들은 적이 있다. 누군가에게는 좋은 사람이면서 다른 누군가에게는 나쁜 사람으로 비춰질 수 있다. 다만 좋은 관계만 있을 뿐이다. 내가 이 세상에 왔다 감으로써 한 사람이라도 더 나은 인생을 살 수 있게 되는 것, 그리고 더 많은 가정에서 모자관계가 돈독하고 따뜻해지는 것이 내가 진정으로 되고 싶고, 하고 싶고, 갖고 싶은 일이다.

5

31세부터 작가와 강연가로 활동하기

− 김승혜

영어 동기부여가, 청춘 멘토, 강사

저자는 영어 동기부여가로 활동하며 국내 30대 대기업에서 임직원 및 직장인을 대상으로 강의
한다. 또한 대학교에서 강의하며 해외도전을 꿈꾸는 청춘을 위한 멘토링과 컨설팅을 하고 있다.
현재 성인의 영어와 동기부여를 돕겠다는 소명으로 프리미엄 영어프로그램을 제작 중이다.
저서로는 《김승혜의 해외도전 청춘상담소》가 있다.

• E−mail_ globalchallenge@naver.com
• Blog_ http://blog.naver.com/kimssoo27

작년 2월, 아빠는 집 근처에서 매년 열리는 정월대보름맞이 행사
에 가자고 하셨다. 대형 모닥불이며 불꽃놀이가 있는 이 행사의 하
이라이트는 연등 날리기인데 이전에 가본 적이 있다며 꼭 한번 같이
가고 싶다고 하셨다. 막상 당일 날이 되자 집에 우리 네 가족 중 아
빠랑 나밖에 없었다. 우리끼리라도 가보자며 차를 타고 나섰다.

사람들이 붐비는 가운데 뜨겁고 큰 모닥불이 가운데 펴있었고,
그 화력과 사람들의 열기에 내 마음도 따뜻해지고 신이 났다. 특히
나 연등 날리기를 할 때 내가 소원하는 바, 올해의 바람 하나하나를
정성스레 띄워 보냈다. 수백 개의 빨간 소원들이 둥둥 떠올라가는
포근한 밤하늘의 모습은 그야말로 장관이었다. 그때 내가 가장 처음

으로 간절히 빈 소원은 '취직'이었다.

내 나이 29살이었다. 대학원을 다닌다는 명목으로 아르바이트처
럼 영어강사 일을 하고 있었지만, 직장생활을 해 볼 거라면 지금이
마지막이겠다 싶었다. 사실, 여러 가지 선택의 기로 중에서 한 가지
결단을 내려야만 하는 시점이었다. 미술사를 공부한다고 시작했지
만 울며 겨자 먹기로 다닌 대학원에서는 논문을 완성하지 못해 약 4
년 째 만년 학생 노릇을 하고 있었다. 내 인생은 어디로도 나아가지
못하고 갈피를 못 잡고 있었다.

미술경매회사에 취직하거나 일반 회사원이 되거나 〈김미경스피
치〉 같은 곳에서 일하는 강연가가 되고 싶었다. 하지만 강연가의 길
은 내 눈에도 터무니없는 허무맹랑한 이야기 같아 보였다. 직장인을
대상으로 한 영어강사 일은, 상담사 같은 역할을 하며 특유의 리더
십과 포용력으로 편안하고 쿨한 젊은 강사 소리를 들었지만, 그것은
충분치 않았다. 내가 뭐라고 사람들이 와서 내 이야기를 듣겠느냐는
말이다. 그러기엔 나는 인생 경험 없는 풋내 나는 미약한 어린아이
였다.

그래서 심기일전하고 해외영업 관련 회사, 미술품 경매 회사에
닥치는 대로 지원서를 넣었다. 큰 두 가닥의 방향은 있었으나 영어
나 미술 관련 모든 분야에 지원을 했다고 해도 과언이 아니다. 취업
포탈 사이트에서 이런 무작위 구직활동이 클릭 하나면 가능했다. 해

외영업, 무역, 물류, 전시, 홍보, MD, 문화재단, 경매회사, 갤러리, 외국계기업 등 닥치는 대로 넣었다. 나는 영어와 중국어를 구사하고, 좋은 학교를 나왔으며 미술사 배경이 있다. 배부른 소리지만 내 넓고 얕은 스펙은 너무나 많은 선택의 길을 주었고, 그 속에서 나는 점점 더 방향성 없이 길을 잃는 듯 했다.

젊은 나이에 모험이면 어떠랴 싶어서 중국 현지 근무, 미국 현지 근무도 알아보며 해외취업에 대하여 알아보려 발품도 팔았다. 한번은 내가 지원한 중소기업의 중국 현지 근무직 채용담당자가 전화를 해왔다.

"김승혜 씨, 중국에서 이 나이에 근무할 수 있겠어요? 결혼은? 삭막한 공장에서 생산을 관리하는 일을 하면 어떨 것 같았기에 지원했죠? 이런 스펙으로 왜 우리 회사에 지원한 것인지……. 제가 혹시 유럽권이나 더 좋은 자리가 나오면 다시 연락드리겠습니다."

철없는 여동생을 달래듯 너털웃음을 짓는 HR 담당자의 목소리가 전화 너머로 들려왔다. 전화를 끊으며 '나는 내가 정말 원하는 게 무엇인지 모르고 있구나' 하는 생각이 어렴풋이 들었다. 그럼에도 불구하고 계속 이력서를 낸 결과 몇 군데에서 채용되었고, 여러 가지 심사숙고 끝에 최종적으로 유명 저가 브랜드샵 화장품회사의 해외

사업부에 들어가기로 했다.

처음에는 업무 강도도 세지 않고 소속감에 만족스러웠다. 하지만 내 명함을 누구에게 줄 때 자부심이 있거나 하지는 않았다. 몇 개월 이 흐른 후, 처음에는 보이지 않던 염증을 느끼기 시작했다. 부서 임원의 수행비서 같은 역할을 하며 그 분 개인적인 장을 봐오거나 파트너의 선물을 쇼핑하는 심부름, 병원에 모시고 가는 일, 하물며 화장실 가시는 데도 대동해야 하는 게 나의 임무였다. 해외사업에 관련된 진취적인 일보다는 임원 분의 비위를 맞추고, 입맛에 딱 맞는 떡볶이 간식을 사오는 게 더 중요했다. 여자들만 있는 부서에서 질투와 이간질도 심했다. 29살의 늦깎이 신입이었던 나는 눈치도 없고, 비위도 잘 못 맞췄으며 엑셀도 다루지 못했다. 바로 위 24살 선배의 야멸친 군기와 간사한 이간질에 눈물을 훔친 것도 하루 이틀이 아니었다. 물론 여느 회사에나 있을 만한 이 모든 어려움도 열정과 의지가 있었다면 떨쳐냈을 수 있었으리라. 그러나 나는 회사에 거죽만 매인 채 어떤 화살도 방어할 여력 없이 고스란히 맞아냈다. 무차별적으로 내 자존감은 낮아져 갔다.

답답한 마음에 친구와 태안 해안길을 걷는 트레킹 여행을 떠났다. 걸으며 친구와 꿈에 대하여 이야기 하던 중, 수줍게 언젠가는 책을 쓰고 싶다고 하자 친구는 말했다.

"그래, 나도 그래. 직장인들 다들 언젠가는 책을 쓰고 싶다고 하지."

그 말에 누구나 꿈꾸는 로망에 불과한 흔하디흔한 꿈, 책 쓰기가 나만의 특별한 비밀인 마냥 소중하다고 믿어온 스스로가 참 순진했음을 알았다.

삶에 대한 염증은 남자친구와의 이별 후 더욱 깊어졌다. 나는 깊은 우울증을 앓고 있었다. 매일 회사 화장실에서 혹은 집에 오는 지하철에서 아이처럼 크게 꺼이꺼이 울었다. 울며 서 있다 힘이 빠지면 노약자석에 앉아서 울었다. 할머니, 할아버지, 아줌마, 외국인, 정말 모두가 나를 측은한 눈으로 바라보며 위로의 말을 건네거나 휴지를 주었다. 집에 와서도 씻지도 않은 채 꼼짝 않고 TV 앞에 앉아 폭식을 시작했다. 나는 먹다가 지쳐 새우잠에 들어 회사에 입고 나간 옷 그대로 입고, 화장도 지우지 않은 채로 쭈그리고 잤다. 다음날이 되면 속이 부대껴 일어나 어쩔 수 없이 겨우 씻고, 어두운 표정으로 또 회사에 나갔다. 사실, 샤워를 한 날은 운이 좋은 날이고 떡진 머리와 뒤집어진 얼굴로 회사에 간 날도 허다했다. 내가 왜 우는지, 왜 이처럼 무기력한지도 몰랐다. 가까운 친구들이 "너 우울증이야. 마음을 좀 추슬러 봐."라고 해주기 전까지 나는 스스로를 증오했으며 못생기고 게을러빠진 타락자라고 혐오스러워했다. 심각하게 걱정이 된 친구들은 한강에 앉아 치맥을 먹으며 아주 간단한 질문을 던졌다.

"승혜야, 돈 이런 거 걱정 말고 네가 뭐든 할 수 있다면 네가 하고 싶은 일이 뭐니? 네가 하고픈 게 뭐야?"
"나 사람들을 인터뷰하고 싶어."

불쑥 내 입에서 튀어 나온 말에 깜짝 놀랐다. 영어 강사 일을 하며 다양한 직종의 사람들을 접하고 성공자들을 만났다. 그들의 이야기를 듣고, 삶의 비밀이나 열정의 동기를 끄집어낼 때의 희열은 이루 말할 수 없었다. 깊은 고민, 깊은 추억의 이야기, 깊은 야망과 꿈에 대하여 털어놓으면 그들도 수업 후에는 솔직할 수 있었던 이 시간을 감사하는 것처럼 한결 후련해 보였다. 그렇다. 나는 그 일을 하고 싶었다.

이때부터 마음을 추스르는 일, 나를 위안하는 일을 하나하나 찾아가기 시작했다. 거울을 보며 스스로에게 못생기지 않았다고 다독이며 거울 속에 있는 나를 부둥켜안고 우는 심정으로 실컷 울어도 보고, 클래식 음악을 듣고 누워 TV에 시간과 영혼을 파는 일도 조금씩 줄여갔다. 책을 찾아보다 '내가 작가의 꿈이 있었지' 하는 생각이 들어 독서모임에나 가입해 볼까 하여 인터넷 카페와 서점을 기웃거렸다. 그러던 와중 내 눈을 끈 책이 김태광의 《10년 차 직장인, 사표 대신 책을 써라》와 조경애의 《관점을 바꾸면 인생이 달라진다》였다. 자꾸 언급되는 〈한책협〉에 대하여 찾아보다가 묘한 끌림에 이끌려 밑져야 본전이라는 마음으로 일일특강에 등록했다.

일일특강 그 첫날, 나는 90프로 이상의 의심과 경계심을 안고 간 그곳에서 어마어마한 충격을 받았다. 설렘도 있었지만 두려움이 컸던 터라 긴장감에 몸에 힘을 주고 웅크리고 있어서 온몸이 아팠다. 사실 나는 몇 달 간 계속 이런 상태였다. 내 마음과 온몸에 퍼진 우울과 무기력의 독, 패배주의와 열등감의 고름에 나는 소화불량, 속쓰림, 변비, 어깨와 목 근육의 통증은 달고 살았다. 하지만 이날의 눈물과 웃음 섞인 특강 이후 느껴지는 통증은 다른 것이었다. 내 꿈, '책을 쓴다', '강연가가 된다', '인터뷰TV쇼 진행자가 된다' 이 모든 게 가능할 수 있다니 내 몸의 세포 하나하나까지 꿈틀거리는 것 같고 소름에 머리가 쭈뼛쭈뼛 서는 느낌이었다. 꼭 내가 알고 있던 세상이 거꾸로 쏟아지는 듯했다. 어떤 폭풍으로 바다가 전체가 성난 파도로 나를 후려 덮치는 듯했다. 이날 밤, 어디 한 방 제대로 맞은 듯 어안이 벙벙하고 온몸이 통증과 짜릿함으로 떨려 잠을 이룰 수 없었다. 이날부터 내가 알던 세계는 전복되었고, 나의 의식은 확장되기 시작했으며 나의 자아는 변태의 과정을 하나씩 거쳐 새로운 나로 거듭났다.

그리고 지금 당신은 내 책을 보고 있다. 이 책이 나올 때쯤이면 나는 이미 퇴사하고, 개인저서 출간을 앞두고 있을 것이다. 어느 누구도 부럽지 않을 만큼 멋지고 당당한 명함인 내 저서를 세상에 선보이며 그 내용으로 카리스마 넘치는 강의를 하고 있을 것이다. 유명 작가, 인기 강연가로 활발히 활개 치며 훨훨 날아다니고 싶다.

지금의 나, 31살의 김승혜. 여기서부터 시작이다.

"Watch me how far I go."

6

인재교육양성 드림에듀케이션 설립하기

— 김은숙

《(주)탑스터디》, 《탑매쓰》 대표, 자기주도 학습경영 연구소장, 학습컨설턴트, 동기부여가
대한민국에 꿈꾸는 교육, 자기주도 교육을 실현하고 있는 교육전문가이자 청소년들에게 꿈을
키우고 실현하게 해주는 동기부여가이다. 2015년 〈대한민국 문화경영대상〉, 2016년 〈대한민국
창조경영대상〉 등을 수상했다. 저서로는 《명문대 합격의 비밀-자기주도학습에 있다》(출간예정),
《보물지도4》가 있다.
• E-mail_ top_education@naver.com
• Homepage_ www.itopstudy.co.kr

사회가 다원화되면서 사람들은 각계각층에서 다양한 사람을 만나며 자신과 관련한 수많은 일들을 진행해간다. 지난 26년간 내가 만난 수천 명의 사람들은 초·중·고등학생 학부모들과 학생들이다. 우연히 학생들을 가르치는 일을 하게 되면서, 교육자는 나의 천직이 되었다. 학생들과 일상을 같이 하며 어엿한 사회인으로 자라나는 모습을 보는 것은 하나의 보람이고 기쁨이었다.

디오게네스 라에르티오스는 "어느 국가든 그 기초는 젊은이들의 교육이다."라고 했다. 나는 진심으로 교육이 사람의 인생을 바꿀 수 있다고 믿었고 이를 사명으로 실천해왔다.

"잘 자란 영재 한 명이 사회를 이끄는 리더가 되어 세상을 변화시킨다."는 말은 교육신념이 되었다. 학생들을 가까이에서 쭉 가르쳐 오다가, 10여 년 전 나는 '영재 교육 학원'을 설립하였다. 집중 과목은 수학 경시로, 올림피아드 국제대회를 휩쓸었던 강사들과 열과 성을 다해 영재 학생들을 이끌면서 한국의 국가대표로 선발시켰다. 선발된 학생들은 또 다시 집중 트레이닝을 시켜, 국제수학 올림피아드에서 금메달을 따오게 했다. 뿐만 아니라 서울대, 연세대, 서울교대 등 명문대 및 교육청 수학영재교육원 선발에 많은 학생들을 입학시키는 기염을 토했다. 이런 학생들은 나중에 서울대 특기자로 대학에 입학하였으며, 우리 학원은 국가대표 학원으로 유명세를 날렸다.

그렇게 정신없이 6년의 세월이 지났다. 나는 명문대에 간 영재 아이들이 어떻게 성장하고 있는지 궁금했다. 그래서 그 아이들의 소식을 찾아보았다. 그리고는 현실 속에 무너져 내리는 영재 아이들을 보며 충격을 받았다. 아이들은 대체로 의대로 전향하거나 변리사 시험을 준비 중이거나 전문 직종으로 빠졌다. 소위 사회에서 인정받는 직업으로 파고들어 가기 위해 안간힘을 쓰고 있었다. 영재나 일반고 우등생이나 큰 구별 없는 삶을 살고 있었다. 나라의 국가 경쟁력을 제고하고, 순수 과학 및 응용 기술을 발전시켜 많은 사람들에게 도움을 주기보다 민생고가 우선이었다.

나는 무언가 잘못되었다고 생각했다. 영재 한 명이 만 명을 구원한다는 말은 이 시대에 맞지 않는 발상이자, 요원한 말인 것 같았다. 잘 키운 영재 한 명에게 기대하기보다는 만 명의 시민이 자기 인생을 개척할 자기주도적인 힘을 키워주는 것이 훨씬 훌륭한 방법이라고 생각됐다. 그래서 "평범한 학생을 비범하게 만들어준다."는 캐치프레이즈를 내걸고 국내 최초 '독학관리학원'이자 '자기주도학습 학원'인 〈TOPSTUDY〉를 설립하였다. 자기주도학습을 익히는 것은 곧 스스로 할 수 있는 힘을 기르는 것이고, 자기 인생을 주도할 수 있는 능력을 키우는 것이기 때문이다.

기존 학원들이 선생님 중심의 주입식 교육을 하였다면, 우리는 통상적인 관념에서 벗어나 철저히 학생 중심의 교육을 도입하였다. 학원 컨셉은 "학생 개인별로 최적화된 학습계획을 세워주고, 생활을 관리하며, 학생이 스스로 공부할 수 있는 자율적인 능력을 키워주는 배움터."였다. 대외경쟁력을 높이고 시간투자대비 효용가치가 가장 높게 움직여지는 시스템으로 국내 최초로 계발된 학생중심의 신개념 학원이었기에 모든 학습 시스템과 운영 체계를 하나하나 경영진이 직접 개발하였다.

치열하게 교육 시스템을 연구한 결과, 학원이 좋은 성과를 내었음은 말할 것도 없다. 본래 잘했던 학생들은 물론이거니와 3~4등급이었던 학생이 수능에서 한 개만 틀리는 성과를 내고, 심지어 6~8등급이던 학생이 올 1등급을 받은 적도 있었다. 5~6등급이던 학생이 성적을 끌어올려 한의대에 진학하는 등 인생의 큰 전환점을 만들어주기도 했다.

〈TOPSTUDY〉는 현재 업계의 선두주자로서 독보적인 위치를 확보하고, 나아가 대한민국 교육의 패러다임을 바꾸고 있다. 이제 학생들은 기존의 수동적인 듣는 교육을 받는 것에서 벗어나, 자신이 주도하고 이끌어가는 능동적인 학습을 할 수 있다. 그간 주입식으로 받아온 "해야만 한다."는 사회의 틀 속에서 벗어나, 주체성을 갖고 자신만의 길을 설계하고 철저한 자기관리를 통해 주체력을 키워나가고 있는 것이다.

해마다 명문대를 가고 싶어 하는 수많은 학생과 학부모들이 나를 찾아온다. 그럴 때면 나는 먼저 목표 대학과 꿈부터 묻는다.

"넌 꿈이 뭐야? 희망 대학은?"

나의 질문에 대다수의 학생들은 머뭇거린다. 목표가 막연해서 점수에 맞춰 대학에 가겠다는 생각이어서 그런 학생도 있지만, 가고 싶은 대학이 있어도 말하지 않는 학생들이 부지기수였다. 목표 대학을 말하면 자기 현재 성적과 비교해서 평가당할까 봐 주저하는 것이다. 속마음을 들여다 보면 모두 '내가 공부를 안 해서 그렇지 난 항상 스카이야'라고 생각하면서 말이다. 꿈을 당당하게 말하는 것도 꺼려하는 것이다. 이런 모습을 볼 때마다 안타까운 생각이 들었다.

머뭇거리는 아이를 볼 때마다 나는 "희망인데 어때! 과감하게 적어봐!"라고 권유한다.

자기주도학습을 한다는 것은 곧 스스로 할 수 있는 힘을 기르는 것이다. 그것은 곧 자기 인생을 주도할 수 있는 능력을 키우는 것으로 이어져야 한다. 정말 자신이 미래에 무엇을 하고 싶은지 생각해 보지 못하고 목표 대학마저도 점수 나오면 점수보고 생각하겠다며 생각하기를 주저한다면, 그것은 내 인생의 주도권을 시험에게 넘긴 꼴이 된다. 꿈과 목표 설정을 명확히 하고서 시작하는 공부를 해야 한다. 꿈을 이야기하다 보면 꿈을 이룰 수 있는 기회를 끌어당기고 자신도 모르게 자신의 꿈을 이루기 위해 자신의 가능성을 최대한 극대화해 열어놓게 되기 때문이다.

자라나는 청소년들에게 꿈을 찾아주고 꿈을 향한 동기부여를 하며 이들의 학업성취를 높인다면 이보다 더 값진 일이 또 어디 있으랴. 나는 지난 수년간을 학생들에게 꿈과 비전을 계획하게 하고 긍정 마인드와 긍정 에너지를 전달하고자 노력해왔다. 생각조차 해보지 않은 꿈은 이루어질 리 없으며 생각을 함으로써 그 꿈에 가까워지려고 노력하게 된다. 그러한 절실한 노력 끝에 원하는 꿈을 이루는 것이다.

〈TOPSTUDY〉의 모체이자 내가 대표를 맡고 있는 〈드림에듀케이션〉의 비전은 학습에 대한 혁신적인 교육 콘텐츠를 통해 학생들의 삶을 변화시키고, 자신만의 길을 창조하는 주체적인 사람으로 성장시켜 대한민국의 미래를 여는 것이다. 더 나은 세상을 만든다는 비전을 가지고 학생 중심의 바른 교육 서비스를 제공하는 기업으로 거듭나고자 한다. 이러한 비전을 향해 달려가면서, 서서히 대한민국에서 학생 중심의 교육 패러다임 변화가 일어나고 있다는 점에서 많은 성취감을 느끼고 있다.

이제는 좀 더 구체화하고, 정확한 시각화를 통하여 청소년들에게 생각이 얼마나 중요한지를 전파하려고 한다. 생각이 꿈을 키우고, 그 꿈이 인생을 풍요로 이끄는 법을 가르쳐주는 꿈의 동기부여가이자 자기계발 작가임과 동시에 명 강연가가 되고자 한다. 마음만 먹으면 무엇이든지 할 수 있다는 자신감을 확고히 가지고서 말이다. 마음속에 온전히 자기 확신이 있고 그러한 소신에 확고한 신념만 있다면, 이 세상에 어떠한 도전도 극복하지 못할 것은 없다고 믿기 때문이다. 그와 아울러 꿈으로 나아가게 하는 〈인재양성 드림에듀케이션〉으로 한층 더 소중하고 행복한 미래를 열어가고자 한다.

7

전 세계에 드림 스쿨 설립하기

— 정현지

비전그룹 대표, 경영컨설팅회사 CEO, 21세기 미래교육연구소장
세계 교육의 혁신을 꿈꾸며, 인생을 바꾸는 교육을 실현하고 있는 경영인이다. 현 비전그룹
대표로서 경영컨설팅 회사와 21세기 미래교육연구소를 운영하고 있다. 강연과 멘토링 코칭을
통해 사람들이 진정한 자신을 찾고, 잠재력을 깨워 최고의 모습으로 살아가도록 돕고 있다.
• E-mail_ vision_group@naver.com
• Blog_ http://blog.naver.com/dreamuniversity

"꿈이 뭐예요?"

"저는 어렸을 때부터 생각해온 꿈이 있습니다. 아프리카에 학교
를 짓는 것인데요, 아직은 미약해서 제 앞길도 못 찾고 있지만 꼭 학
교를 지어 아이들을 행복하게 해주고 싶습니다."

"아프리카?"

아프리카란 말에 면접장은 술렁였다. 그곳은 바로 대기업 생존
경쟁의 입문판이라는 경영 학회의 면접장이었기 때문이다. 꿈을 묻
는 질문에 모두 "CEO가 되고 싶다.", "마케터가 되겠다.", "경영컨
설턴트나 재무관리사와 같은 전문직이 되겠다."고 진로를 이야기할

때 그녀만은 자신의 '비전'을 이야기했다. 그녀는 명문대생 S양이었다. 나는 면접관 좌석에 앉아 그녀를 세세히 들여다보았다. 그녀의 티끌 하나 없이 맑은 눈을 보니 허공에 날리는 입 발린 말이 아니었다. 100% 진심이었다.

'아니 저렇게 순수한 아이가 아직도 여기에 존재할 수 있지?'

분위기를 보아하니 나 말고도 그런 생각을 하는 면접관이 여럿 있어 보였다. 표정들이 하나같이 '아직 세상물정을 모르는 착한 아이구나'라며 애틋하게 바라봤기 때문이다. 그리고 왠지 한마음으로 이 아이의 순수한 마음을 지켜줘야 한다고 생각해선지, 면접장에서 자행되는 날카롭고 공격적인 질문들도 하지 않은 채 "꼭 이루시길 응원합니다."라며 면접을 마쳤다.

희한한 일이었다. 우리는 왜 '사회 공헌', '봉사' 같은 일들이 굉장히 진부하게 느껴지고 현실감각 떨어지는 일로 느껴질까. 명문대 생이라면 왠지 굉장히 훌륭한 사람일 것 같고, 자기 일도 잘하고, 사회도 이끄는 리더일 것 같은데 막상 그 사회에 들어가 보면 그렇지 않았다. 우리는 늘 쫓겼고, 친구들과 경쟁에 시달렸고, 자기 것을 못 찾으면 금방 무리에서 도태되었다. 엘리트 사회에서는 뒤처지는 것만큼 무서운 일은 없는 듯했다. 조금이라도 뒤처지는 것 같으면 안절부절못했고, 세상이 끝나는 것처럼 생각했다. 그래서인지 자기 갈

길도 못 찾아가면서 남을 돕는다고 떠드는 것은 얼토당토 않는 이야기였다. 우리의 주된 이야기 소재는 "누가 어디에 취직했다.", "어떤 회사가 월급이 좋더라.", "인턴 어떻게 하면 들어갈까?"였고, 이야기를 듣다 보면 멀쩡한 사람도 불안해졌다. 만약 꿈이 없었다면 그 정보를 파고들어 어떻게든 그 세계에서 살아남으려 했겠지만, 내 마음속에는 어릴 적부터 아주 오래된 꿈이 있었다.

세계에 긍정적인 영향력을 미치는 사람이 되는 것!

당시엔 뭘 해서 긍정적인 영향력을 미칠 것인지, 수단이 무엇인지 도무지 찾기 어려웠다. 어떤 직업이어야 하는지 달리 표현할 단어가 없었다. 하지만 막연하게라도 그 꿈은 계속해서 내 영혼을 붙들고 있었다. 때문에 울고 쥐어터지는 쓰나미 같은 취업 전쟁 통에서도 주변에 휩싸이지 않고, 마음을 지키며 조용히 졸업할 수 있었다.

남을 돕는 선한 행동은 남들에게 말하기 쑥스러울 정도로, 어설픈 계기를 통해 시작되었다. 나에게는 카메라 공포증이 있었다. 사진만 찍으면 실물과 다르게 너무 밉게 나오는 것이다. '나는 되게 착한 사람인데 왜 인상은 착하지 않지?'라는 생각이 들기 시작했다.

거울에 비친 내 모습은 너무나 좋았는데, 사진에 있는 내 모습은 싫었다. 그래서 사람들이 내 모습을 사진으로 보는 것을 싫어했고 카메라를 피해 다녔다. 나의 콤플렉스였던 것이다. SNS 시대가 시작되고 여기저기 카메라에 찍히는 상황이 되자 사진을 기분 좋게 찍는 것은 내가 반드시 해결해야만 되는 숙제가 되었다. 혼자 고민하다 친한 단짝 친구에게 속내를 이야기했다.

"나는 사진이 이상하게 나와서 찍기가 싫었는데, 시간이 지나서 옛 사진을 보니 미운 사진이든 좋은 사진이든 그때 그 시간의 추억이 담겨있어 귀한 선물이 되더라. 그래서 이제는 극복해서 좋은 모습으로 밝게 찍히고 싶어. 어떻게 하면 좋을까?"

오랫동안 날 지켜본 친구는 나에게 '다이어트'를 해법으로 제시했다. "지금은 볼살이 많아서 부어 보이니까 다이어트를 하면 훨씬 너답게 사진에 찍힐 수 있을 거야."라며 희망까지 불어넣어 주었다. 그리고 그날부터 초인적인 다이어트가 시작되었다. 수영, 요가, 댄스 등 갖가지 운동과 식이요법을 병행하고 스스로를 철저히 감독한 것이다. 풀과 닭가슴살만 죽어라 먹이는 덴마크 다이어트는 그야말로 '배고픔의 고통'을 알려주었다. 일단 온몸에 힘이 없어지고, 식사 시간이 아닐 때도 먹을 것만 생각난다. 나중에는 점차 신경이 날카로워지고 아무거나 닥치는 대로 배에 넣고 싶어 죽을 지경이었다. 태어나서 처음 느껴보는 고통이었다. 결국 나는 반년에 걸쳐 5kg을 뺐지만, 폭식증후군에 걸려 일주일 만에 7kg이 다시 쪘다.

일상 스트레스가 견딜 수 없을 때면 나도 모르게 핑 돌아 편의점에 가서 과자, 빵, 초콜릿 등 온갖 안 좋은 것을 입에 쏟아 대는 것이다. 그래 놓고는 금세 돌아서서 1초 만에 스스로를 꾸짖고 자책하였다. 간식비는 간식비대로 엄청나고, 살은 살대로 쪄가고, 바보 같았다.

　'왜 이렇게 내마음이 마음대로 안 될까? 나답지 않게 왜 이러지?'

　한동안 이상한 나의 행동 때문에 자괴감에 빠져가던 어느 날, 지하철 역 앞에서 "월 3만 원을 후원하시면 어린이 29명에게 영양실조 치료식을 전달할 수 있습니다."라는 유니세프의 피켓을 보았다. 갑자기 심장이 마구 뛰었다.

　'나는 여기서 절제 없이 마구 먹어서 문제인데, 지구 반대편에서는 못 먹어서 힘들다고? 이건 말도 안 되는 이야기야.'

　집으로 가는 길 내내 29명의 아이들 모습이 머릿속에서 떠올랐다. 그 애들에게 내가 먹는 것 전부를 가져다주고 싶었다. 나는 배고픔의 고통을 안다. 무기력함이 어떤 건지도 안다. 그런데 나는 먹어서 고통받고 있다. 이건 완벽한 넌센스다. 그날 저녁 나는 유니세프에 들어가 정기 후원을 신청했다. 태어나서 하는 첫 기부다운 기부였다. 그다음부터는 자극적인 일상에 해소하고 싶어 무언가가 먹고 싶어질 때면 지구 반대편에서 배부르게 먹고 있을 아이들을 생각했다. 아이들의 삶을 바꿔버릴 정도로 엄청난 금액은 아니지만, 작은 간식거리를 아이들에게 선물했다는 생각이 들어 기뻤다. 작은 선행이 아이들을 살리고 나를 살렸다.

그 이후로 나는 다른 단체에도 후원을 하기 시작했다. 개발도상국 아이들의 교육을 지원하는 일이었다. 다만 차이점이 있다면 여기는 아이들의 '사진'을 보고 후원할 아이를 선택할 수 있었다. 나는 단순한 마음으로 선해 보이는 남자 아이 한 명과 여자 아이 한 명을 선택하였다. 그리고 마음 한구석에서 차오르는 뿌듯한 마음을 느끼며 지냈다. 그렇게 몇 달이 지난 어느 날, 인터넷에서 우연히 후원을 받고 있는 마을을 찾아가서 한 인터뷰를 보게 되었다. 그곳에는 '선택받지 못한 아이들'의 아픔이 있었다.

"보통 후원인들은 사진을 보고 선택하기 때문에 사진에 잘 찍히지 못한 아이들은 계속해서 선택받지 못하고 교육도 함께 받지 못하는 경우가 많습니다. 같이 뛰어놀던 친구가 어느 날 학교에 가고 공부를 하니, 선택받지 못한 아이들이 느끼는 차별감과 좌절감이 크지요."

나는 소름이 돋았다. 내가 그토록 속상해했던 것이 사진과 인상으로 판단되는 것 아니었던가. 그렇게 생각한 내가 똑같은 일을 했다는 생각에 갑자기 엄청나게 많은 생각이 몰아쳤다. 며칠간을 잠 못 들며 골똘히 생각한 끝에 '단순한 기부로는 아이들의 인생을 변화시켜줄 수 없다'는 생각이 들었다. 아이들 사이에서 또다시 차별과 절망이 스치게 할 수는 없다고 생각했다. 그리고 마침내 '그들에게 필요한 것은 돈이 아니라 인생을 바꿀 수 있는 힘을 길러주는 교육이다'라는 깨달음이 솟았다.

가진 자와 못 가진 자로 나뉘고, 선택받은 자와 받지 못한 자로 갈라지는 세상이 아니라, 우리 자신의 내면의 힘이 있음을 알려주고 인생을 바꿔나갈 힘을 스스로 일깨워주고 가르쳐주는 교육이 필요하다. 각자 자신만의 독특한 능력으로 세상을 공동으로 창조해나가고 있기 때문에 다른 이들이 잘 되면 진심으로 기뻐하고, 자신 또한 갖고 있는 잠재력을 완전히 발현시켜 세상에 멋진 창조물을 만들어 공유하는 삶을 아이들에게 보여주고 싶다고 생각했다.

'세계에 긍정적인 영향력을 미치는 사람'이 되고자 하는 사명은 드디어 "전 세계 드림 스쿨을 설립하겠다."는 비전으로 이어졌다. 이 꿈을 찾아내기 위해 나는 몇 해를 세상을 헤매며 울었던가. 내 삶은 이제야 명확해진 비전을 정조준하며 나아가고 있다.

꿈을 이루는 학교, 자기를 실현하는 학교, 창조적인 학교. 전 세계에서 인재를 양성하여 보다 나은 세계를 만드는 창조적인 집단,

그것이 교육혁신가로서 내 생의 소명이자 생에 걸쳐 일구어나갈 우리의 따뜻한 미래이다.

8

대한민국의 트레이딩 열풍 선도하기

월천트레이딩 코칭센터 대표, 트레이드POP 주식전문가, 월천트레이더
사업하면 망한다던 대한민국에 창업 열풍이 불어 일듯이, 주식하면 망한다던 대한민국에 트레이딩 열풍이 불어올 것이라는 확신을 가지고 있다. 주식에 대한 사람들의 무지와 선입견을 깨고 트레이딩에 대한 올바른 길을 안내하며 나아가 대한민국 트레이딩 열풍을 선도하고자 한다.

"소문에 사서 뉴스에 팔라."는 주식 격언을 누구나 한 번쯤 들어본 적이 있을 것이다. 대박 정보라는 말을 듣고 덥석 주식을 샀더니 고점이었던 투자 경험이 우리 주변에 비일비재하다. 사람들을 유혹하는 대박 정보는 이미 정보를 알고 있던 누군가가 먼저 싸게 산 주식을 팔기 위해 퍼뜨린 것이다. 내가 알게 된 정보는 이미 모두가 알고 있는 정보였다.

이러한 주가의 움직임은 자본주의 사회에서 살고 있는 우리 삶에 긴밀한 돈의 흐름과 닮았다. 돈은 끊임없이 돌고 돈다. 돈을 움직이게 하는 원동력은 궁극적으로 인간이다. 그래서 기대, 욕심과 두려움 등의 인간의 심리가 돈의 흐름 속에 자연스레 담겨있다.

"시장에서 새로운 것은 없다."라는 주식투자자 제시 리버모어의 말처럼 이러한 현상은 계속해서 반복된다. 그래서 사람들은 유행을 따라가고, 시장에는 유행이 반복된다. 개인투자자들이 언제나 망하는 이유는 이러한 시장의 룰에 대응하기 위한 적합한 능력이 없기 때문이다.

"유행은 가난한 사람들의 예술이다."라는 마샬 맥루한의 말처럼 사람들이 유행에 뒤쳐지지 않으려 돈을 쓸수록 누군가의 주머니는 더 부유해지는 것이다. 미디어 매체를 통해 대중이 무엇인가에 열광할 때는 이미 그 시장의 룰이 존재한다. 룰이 짜여 진 시장의 진입장벽은 낮지만, 성공 가능성 또한 낮아진다.

경제사회의 핵심 산업인 금융시장에도 이미 막강한 룰이 존재한다. 금융시장의 룰은 유명한 '파레토의 법칙'이 지배한다. 이탈리아 경제학자인 빌프레도 파레토가 '80대 20의 법칙'이라는 이름으로 발표한 이 법칙은 20%의 사람이 이탈리아 국부의 80%를 차지하고 있다는 내용으로 경제사회에 다양하게 적용된다. 20%의 인구가 80%의 돈을 가지고 있고, 20%의 핵심 인력이 80%의 일을 하고, 20%의 고객이 80%의 매출을 올려주고, 20%의 핵심 제품이 80%의 수익을 가져다준다는 것이다. 중요한 소수와 하찮은 다수의 법칙이라고 불리어지기도 하는데, 즉 금융시장은 능력 있는 자들이 지배하고 있는 것이다. 중요한 것은 그들의 능력은 유행을 따르려는 사람들의 심리를 이용한다는 것이다.

금융시장은 법과 자본력 그리고 정보를 바탕으로 어려운 용어와 제도, 각종 금융상품들로 우리 사회를 장악하고 있다. 대중들은 주식투자뿐만 아니라 각종 금융상품, 금융제도에 접근성이 어렵고, 무지와 편견 그리고 선입견으로 가득 차 있다. 시장에 신규 진입자를 위한 정보나 교육은 없다. 체계적인 교육 커리큘럼은커녕 그들을 위한 보호제도 역시 열악하다. 결국 대부분의 사람들이 유행을 따라가려는 사회적 심리 때문에 하찮은 다수로 전락하게 된다.

나는 이러한 무지와 편견을 없애고 싶었다. 그들만의 룰을 역전시키고 싶었다. 부자들의 주머니를 채워주는 것이 억울했고, 가난한 사람들이 계속 가난한 것이 안타까웠다. 하지만 나는 하찮은 다수에서 영향력 있는 소수가 되는 방법을 알지 못했다. 자본력과 정보력도 없고, 제도권에서 일을 한 경력도 없었다. 결국 그들의 룰을 따른다면, 결코 그들을 이길 수 없었다. 그때 김태광 작가의 책에서 읽은 한 문장이 복잡한 머릿속에 한줄기 빛이 되었다.

"전문가가 책을 쓰는 것이 아니라, 책을 써서 전문가가 되는 것이다."

의식이 확장되는 순간이었다. 흩어져있던 퍼즐 조각들이 꼬리에 꼬리를 물고 이어져 합쳐지기 시작했다.

금융시장은 전문가라는 이름으로 사람들의 무지와 편견을 이용하여 그들만의 룰을 만들어 놓았다. 만약 내가 사람들의 무지와 편견을 바로 잡아줄 수 있다면, 시장의 룰을 바꿀 수 있을 것이다. 물이 차면 넘치고 달이 차면 기울 듯이 돈이 소수자들에게 모이고 시장을 장악하는 이들의 룰이 영원할 수는 없다. 사람들이 금융의 무지에서 벗어나, 재테크나 자산운용이라는 금융으로 포장된 상품에 이용당하지 않는다면 더 이상 파레토의 법칙이 시장을 지배하지 못한다. 전문가라고 해서 시장을 잘 아는 것은 아니다. 시장을 아는 만큼 돈을 번다.

지금부터 룰을 바꾸자. 전문가가 아니라 실력자가 시장을 이끌어야 한다.

나는 시장의 변화에 대한 확신을 가지고 '월천트레이딩 코칭센터'를 열었다. 금융에 대한 사람들의 무지와 편견을 트레이딩을 통해 바로잡아 주고자 한다. 월천트레이딩 코칭센터는 시장의 변화를 선도할 것이다. 사업하면 망한다던 대한민국에 창업열풍이 불었듯이 주식하면 망한다던 대한민국에 트레이딩 열풍이 불 것이다.

이러한 나의 확신은 확고한 목표에서 비롯된다. 목표에 대한 확실한 동기와 비전 그리고 구체적인 계획을 가지고 있기 때문에 그어떤 장애물이 있더라도 흔들리지 않을 자신이 있다.

나의 목표는 투자에 대한 무지와 편견을 깨고, 트레이딩에 대한 올바른 길을 안내하여 대한민국 트레이딩 열풍을 선도하는 것이다. 나의 비전으로 많은 훌륭한 트레이더들과 함께 건강한 금융시장을 이끌어 나가서 트레이딩으로 대한민국 금융 강국에 이바지하고 싶다.

그러나 처음부터 나의 목표와 꿈이 명확했던 것은 아니다. '월천 트레이딩 코칭센터'를 설립하려 했을 때, 함께 일하던 분이 이런 말씀을 하셨다. "요즘은 너보다 잘하는 고수들이 많은데 잘 되겠어?" 주변 사람들은 의례적으로라도 응원의 말을 하지만 몇몇은 회의적인 반응을 보였다. 하지만 나는 흔들리지 않았다. 주저하는 순간에는 언제나 머릿속으로 전설적인 복서 무하마드 알리의 한마디를 되뇌었다.

'믿음이 부족하기에 도전하기를 두려워하는바, 나는 내 자신을 믿는다.'

내 생각과 목표를 주변에 알리는 것은 나 스스로 확신을 가지기 위한 과정이었다. 그들의 반응과 대답이 필요한 것이 아니다. 문제와 답은 모두 내 안에 있지 않은가? 중요한 것은 명확한 목표 설정과 목표에 대한 나의 확신이다.

2014년 9월 19일, 뉴욕 증권거래소에는 중국 최대 전자상거래 업체 '알리바바'가 미국 증시 사상최고가로 상장되면서, 알리바바 마윈 회장의 성공 비결에 많은 사람들이 집중했다.

"1995년 인터넷을 시작할 때 사람들은 우리를 사기꾼이라고 했습니다. 1997년 차이나 옐로우페이지를 내놓았을 때는 저를 정신 나간 놈이라고 했지요. 지금은 저를 미치광이라고 말합니다. 하지만 남들이 뭐라고 말하든 저는 전혀 개의치 않았습니다. 스스로 옳다고 생각되면 그대로 밀고 나갔지요."

그가 말한 비결은 인터넷 시대가 온다는 믿음으로 숱한 실패 속에서도 포기하지 않았다는 것이다. 특별할 것 없는 성공비결이지만 결코 특별하지 않을 수 없다. 주변의 만류에도 자신의 목표를 향해 흔들림 없이 달려가는 것은 아무나 할 수 없다. 그는 자신의 목표에 대한 확신이 있었기에 포기하지 않았고, 세계가 인정하는 성공을 이루었다. 크고 작음을 떠나 성공은 곧 목표를 달성하는 것이다. 목표가 흔들린다면 성공의 시작도 없다.

그렇지만 성공한 사람들이 가진 위대한 목표나 체계적인 계획은 처음부터 그랬던 것이 아니다. 생명보험설계사로 시작해서 20대에 백만장자가 된 폴 J.마이어는 그의 저서 《괜찮아, 잘 될 거야!》에서 "무엇인가를 이루기 위해, 또는 무언가가 되겠다는 결심을 하는 데는 채 1분도 걸리지 않는다. 문제는 그 결심을 얼마나 신속하게 행동으로 옮기느냐에 달려있다."라고 말했다. 처음부터 목표를 세우기 위해 특별한 무언가가 필요한 것은 아니다. 목표를 이루기 위해 계획하고 행동으로 실행하는 과정을 통해 목표가 구체화된다. 이러한 과정의 반복 속에서 목표가 명확해지고, 목표에 대한 확신이 생긴다.

이것이 성공의 원리다. 위대한 목표만이 성공을 의미하는 것이 아니다. 보다 나은 삶을 살기 위해서는 변화가 필요하고, 변화를 위해 목표가 필요한 것이다.

미국의 성공학 잡지인 〈석세스(Success)〉가 예일대학교 학생들을 대상으로 목표에 관한 설문조사를 했다. 조사자 3%만이 금융목표를 세워 그에 상응하는 실천계획을 설정하고 기록했다. 목표를 마음속으로 설정한 13% 학생과 목표조차 설정하지 않은 나머지 84%의 학생들의 20년 후 소득의 차이는 얼마나 될까? 결과를 분석해보니 목표를 세운 3%의 사람들이 나머지 97%의 졸업생들보다 소득이 10배 이상 높았다.

성공의 지휘자라는 아이콘으로 손꼽히는 브라이언 트레이시가 말하는 성공의 원리는 간단하다. 목표를 세우고 계획을 짜고 실행하는 것이다. 이 과정을 포기하지 않고 반복한다면 목표를 달성할 수 있다. 그의 저서 《백만 불짜리 습관》에는 이런 말이 있다.

"당신의 습관이 당신의 인생을 결정한다."

목표를 세우고 계획을 세우고 실행하는 습관을 익히다 보면, 목표를 달성하기 위한 능력이 향상된다. 능력 있는 사람이 목표를 달성하는 것이 아니라, 목표를 달성하는 사람이 능력 있는 사람이 된다. 또한 능력 있는 사람이 되기 위해 무엇보다 중요한 것은 바로 이루어질 것이라는 믿음이 흔들리지 않는 목표 설정에 있다.

'내가 되고 싶고, 하고 싶고, 갖고 싶은 것은 무엇일까?'

이 질문에 대한 대답과 대답에 대한 확신이 성공의 시작이다.
이 책의 한 꼭지를 쓰면서, 나는 이미 성공하기 시작했다.

9

대한민국 치과위생사들의 멘토 되기

— 박지현

책 쓰는 치과위생사, 치과건강보험강사, 치과교정파트강사, 리씨디드 대표, 북큐레이터
치과위생사로 현재 부천에 있는 세란치과의원에서 부장으로 근무 중이며, 남서울대학원 치위생
학과 석사과정 중이다. 치과건강보험협회 공인강사와 서울치의학교육원 교정 전임강사로서 활동
중이다. 의료계 최고의 스텝을 뽑는 '2015 한국 수퍼스텝 7' 우승자이기도 하다.
• E-mail_ kvines@naver.com
• Blog_ http://blog.naver.com/kvines

"나는 충분히 만족스러운 인생을 살았는가? 열린 마음으로 다른
이들을 사랑했는가? 스스로 가치 있는 존재라고 느끼는가?"

이는 브랜든 버처드의 《메신저가 되라》라는 책에서 나온 글귀의
일부이다. 난 이 글을 읽는 순간 '아, 내가 스스로에게 가치 있는 존
재라고 생각했었던가?'라는 생각을 하게 되었다. 내가 스스로에게
가치가 있는 존재라고 생각해본 적이 없다는 생각이 들었다. 그래서
그날부로 '반짝반짝 빛나는 보석처럼 가치 있는 사람이 되자'라는 생
각을 했다. 그리고 나의 가치를 찾아보기로 했다.

나는 어릴 때부터 책 읽는 것을 정말 좋아했다. 그래서 고등학교

때도 단편집보다는 장편집 위주로 책을 보면서 상상의 나래를 펼치곤 했다. 대학생 때까지도 책을 꾸준히 읽었는데, 직장인이 된 후로는 책 읽는 횟수가 급격히 줄어들기 시작했다. 그러다가 육아와 직장생활을 해야 하는 워킹맘이 되면서 독서하는 시간이 최고조로 줄어들었다. 결국 삶의 의욕을 잃기 시작했고 집, 병원, 집, 병원을 다니는 단조로운 일상에 그저 맞추어 살게 되었다. 큰아이가 초등학교를 입학하면서, 독서의 시간이 필요했기에 옆에서 나도 조금씩 시간을 내어 다시 책을 읽으면서 나만의 독서법이 생기기 시작했다.

나만의 독서법을 얘기하자면, 첫 번째는 속독이다. 시간을 길게 내서 읽을 수 없는 특성상 정독으로 책을 읽기보다는 단시간 내에 몰입해서 속독으로 읽어내는 방법이다. 책을 읽는 방법에는 정독과 속독으로 나눠서 생각해 볼 수 있다. 정독은 시간은 걸리지만, 꼼꼼히 책을 보는 방법이고, 속독은 책을 빠르게 있는 방법이라고 볼 수 있다. 나는 책을 읽을 때 처음부터 끝까지 읽지만, 시간이 없는 사람들은 결론만 보는 것도 좋은 방법이다. 보통 책은 한 꼭지에 서론, 본론, 결론으로 나누어져 있어서 작가가 하고 싶은 말들은 보통 결론에 나와 있다.

두 번째는 시간이 나는 틈틈이 책을 보는 것이다. 가장 활용하기 쉬운 방법은 점심시간이다. 대략 식사를 끝나고 나면 30분 정도는 시간이 남는다. 이때 많은 사람들이 커피를 먹거나 얘기를 하지만,

나는 30분 정도 남는 시간에 책을 읽는다. 저녁식사 후도 마찬가지이다. 이렇게 시간이 남는 틈틈이 틈새 독서를 실천하고 있다. 처음에는 틈새 시간을 잡는 것이 힘들었지만, 지금은 시간이 나면 언제나 볼 수 있게 책이 항상 내 옆에 있다.

최효찬 작가의 《한국의 메모 달인들》이란 책을 보면 메모광 안철수의 성공 비밀이 독서에 있음을 알 수 있다. 초등학생 시절부터 독서광이었던 안철수는 책을 읽으면서 집중력과 상상력을 키울 수 있었다.

"우리 회사 건물 엘리베이터는 10분 이상 기다려야 탈 수 있거든요. 그런 시간에만 책을 읽어도 한 달에 두 권은 읽어요."

남들은 일부러 시간을 내서 책을 읽는다는데, 안철수는 틈틈이 이렇게 책을 읽는다는 부분이 대단하지 않은가? 안철수도 했으니 당신도 할 수 있다.

현재 난 이 두 방법으로 현재 1일 1권의 독서를 실천하고 있다. 처음에는 나도 1일 1권의 독서를 하려고 했던 건 아닌데, 책이 너무 재미있으면 하루에 3권도 읽는다. 하지만 서평이 없다는 건 내가 책을 읽고 마음에 감동을 느끼지 못하는 것과 똑같다고 생각이 들었고, 내가 느끼는 감정을 공유하고자 서평을 쓰기 시작했다. 지금은 1일 1권의 독서와 블로그에 책에 대한 서평을 남기는 것으로 마무리를 한다.

'이렇게 책에 대한 서평을 남기는 것도 좋지만 더 내가 할 수 있는 것들은 무엇일까?' 고민을 하다가 올 초에 내가 했던 고민들에 대한 해답을 책에서 얻을 수가 있었다.

나는 15년차 치과위생사다. 그리고 부천에 있는 한 치과에서 부장으로 근무 중이고, 대한치과건강보험협회 공인강사와 치과 교정 강사로 활동을 하며 치과위생사 후배들에게 멘토 역할을 하고 있다. 그러다 보니, 후배들 중에서 유독 힘들어하거나 방황하는 후배들을 보는 경우가 있다. 개인적으로 아는 후배들만 멘토의 역할을 해주는 것보다 전국에 있는 치과위생사 후배들에게 도움을 주어야겠다는 생각이 들었다. 그 후로 '열혈 치과위생사'라는 소모임을 만들어서 후배들과 한 달에 한 번씩 오프라인 모임을 가지며 소통을 하고 있다.

나 또한 후배들처럼 일을 하면서 힘들었던 시기가 있었기 때문에 그 시기를 슬기롭게 헤쳐나갈 수 있었던 방법들을 후배들에게 얘기해주자는 생각으로 시작을 했던 모임이 이제는 서로를 응원하며 후원자 역할을 한다. 처음에는 '후배들에게 내가 해줄 수 있는 조언이 무엇이 있을까?' 하는 생각도 들기도 했지만, 같이 만나는 동안 얘기를 통해 후배들에게 기댈 수 있는 든든한 버팀목 같은 사람이 되어야겠다고 스스로에게 주문을 건다.

시간이 흘러 '내가 좀 더 후배들에게 치과위생사로서의 가치라든지, 자부심을 만들어 줄 수 있는 방법은 없을까?'라는 생각을 할 무렵, 강원도 최고의 치과인 춘천 예치과에서 '교정강의와 동기부여'라는 주제로 강의를 하게 되었다. 내가 생각하던 강의를 하게 될 수 있어서 너무 행복하면서 '생각만 했던 동기 부여라는 강의를 어떻게 풀어내야할까?'라는 숙제를 안게 되었다. 결국 책을 통해서 후배들에게 동기부여를 해주어야겠다고 생각을 했다.

그래서 선택한 책이 《메신저가 되라》라는 책이다. 이 책을 다 읽고 나서는 가슴이 뛰기 시작했고, 내가 해야 할 일을 찾았다는 생각이 들기 시작했다. 그래서 나는 내가 가지고 있는 경험과 지식을 메시지로 만들어 다른 이들에게 전달하는 사람인 메신저가 되기로 했다. 그리고 그 주제로 춘천 예치과에서 동기부여 강의를 하는데, 내 몸에서 전율 같은 것을 느꼈다. 내가 정말 하고자 했던 강의를 하게 되어서 너무 행복한 감정을 스스로 느낀 것이다. 그날 강의를 들었던 교정과 실장님께서 너무 좋은 강의를 해주셨다고 얘기를 해주어서 춘천에서 막차를 타고 가는 길이 전혀 힘들지 않았다. 오는 기차 안에서 앞으로 내가 가야할 길을 대해 다시 한 번 생각을 하는 기회가 되었고, 난 새로운 꿈을 꾸기 시작했다.

'치과위생사 후배들이 만나고 싶은 최고의 멘토가 되어보자! 그리고 나를 만나러 오는 사람들에게 사람마다의 빛깔을 찾아주자!'

나에게도 특별한 멘토가 되어주시는 분이 계신다. 그분은 바로 우리 병원 원장님이시다. 처음엔 오너와 직원으로서 만나게 되었지만 내가 처음으로 강사라는 직업에 도전을 해보겠다고 할 때, 원장님과 상의를 해본 적이 있다. 그때 원장님은 나에게 이런 말씀을 해주셨다.

"무언가를 해보고 싶은 때는 시도해보아라. 시도를 해보지 않고 후회하는 것 보다는 실패하더라도 해보는 것이 좋다. 그리고 실패하더라도 실패로 그치지 말고 그걸 통해 많은 경험을 하고 배우면 된다는 것이다. 그리고 강사라는 직업이 지금보다 보는 생각 높이를 더욱 높혀줄 것이기에 도전하라."

난 그 말을 듣고 대한치과건강보험협회로 공인강사 시험을 보았고, 당당히 합격을 했다.

김새해 작가의 《내가 상상하면 꿈이 현실이 된다》라는 책에서 "당신은 존재 자체로 이미 작품입니다. 그것도 그냥 작품이 아니고 걸작입니다. 살아있는 것만으로도, 존재 자체만으로도 아주 귀한 분입니다."라고 얘기한다. 하지만 이 말은 다른 사람이 얘기해주기보다는 내가 스스로 느낄 때 더욱 빛을 발한다. 나도 그래서 후배들에게 이런 말을 해주고 싶다.

"당신이 힘들다고 느껴질 때는 뒤를 돌아봐라. 당신 뒤에 내가 있을 것이다. 그러니 힘들다 생각하지 말고, 잠깐 쉬고 다시 앞으로 나아가길 바란다. 그리고 난 항상 당신을 응원할 것이다."

10-18

허은지 최민석 김신미 소준환
김정현 이선경 김용분 박범숙 전아영

되고 싶고
하고 싶고
갖고 싶은
37가지

10

대한민국 1등 유아행복전문가 되기

유아행복전문가, 치료놀이 수련 치료사, 동기부여가, 자녀교육 전문가, 부모교육 전문가
아이들과 함께 생활한 지 7년 차, 대한민국 아이들의 행복을 위해 지금도 달리고 있다. 아이들에
대해 더 많이 알고자, 넘치는 열정으로 박사과정 중이다. 현재 내 아이의 마음을 알고 싶은 부모를
위한 저서를 집필하고 있다.
• E-mail_skrmsp9924@naver.com

나는 선생님하면 기억나는 사람이 있다. 초등학교 3학년 때 선생
님은 나에게 칭찬을 많이 해주셨다. "은지는 일기를 참 재밌게 쓰는
구나.", "은지는 그림그리기를 좋아하니까 미술대회에 참여해보는
게 좋은 경험이 될 것 같구나." 내가 좋아하는 것에 관심을 가지고
이야기를 들어주셨고, 하루하루 적은 일기에는 꼼꼼하게 코멘트를
해주셨다. 당시 반 아이들이 35명이었는데 그중에서도 내성적이었
던 난 상대적으로 다른 선생님들의 시선이 덜 미치는 아이였다. 그
런 나를 하나하나 신경써주시고 관심을 가져주셨던 선생님 덕분에
자신의 내면만을 들여다보면 내가 차츰 주변을 보고 세상을 보게 되
었다. 이후 나는 어린이집에서 아이들을 가르치고 양육하면서 그 당

시 선생님의 사랑이 얼마나 컸는지 다시금 느낄 수 있었다.

우리 어머니는 대학교에서 강의를 하시면서 대학생들의 꿈에 대해 종종 이야기를 나누신다. 취업, 학자금 융자, 아르바이트 등으로 현실에 치여서 꿈꾸기를 포기하는 청춘들이 더 멀리, 더 높게 꿈을 가질 수 있도록 도와주기 위해 노력하신다. 그런 어머니를 보면서 참된 교육이란 무엇인지 생각하게 된다. 내가 가르치는 아이들은 가족과 선생님이 세상의 전부인줄 안다. 이 시기의 모든 것들이 아이들의 성장에 큰 영향을 미치는데 나는 아이들의 행복을 위해 어떻게 해야 좋을지 고민하고 또 고민한다. 오직 유아교육만 30년 넘게 걸어오신 어머니는 아이들이 행복한 것이 제일이라고 하신다. 나는 아이들과 있어서 행복하다. 그런데 아이들도 그럴까? 그런 의구심이 들 때마다 오늘 아이들의 미소와 웃음소리를 몇 번이나 듣고 보았는지, 아이들의 이야기를 얼마나 들어주었는지 나에게 되묻는다.

내가 어린이집에서 아이들과 함께할 때마다 항상 떠오르는 은영이라는 아이가 있다. 은영이는 오빠와 남동생 사이에서 상대적으로 부모님의 애정을 덜 받는 아이였다. 은영이는 교구나 친구의 장난감 중에서 갖고 싶은 것은 몰래 가져가고, 관심을 받고 싶어서 거짓말도 종종하며 낮잠을 재워줄 때는 선생님의 손을 잡아야 잠이 드는 아이였다. 그런 은영이가 처음에는 너무 힘들었다. 활발하고 거친 놀이를 좋아하는 은영이는 남자아이들과 함께 노는 것을 좋아했는데 오빠가 쓰는 비속어를 배워 와서 친구들 사이에 유행시키기도 하여 어머님들이 상담 시 꼭 언급하곤 했다.

처음에는 훈육도 해보고, 어르고 달래보다가 마지막에는 포기하고 싶다는 생각까지 들었다. 그러나 그림을 그릴 때면 긴 머리의 초롱초롱한 눈망울을 한 여성을 그리며 "우리 선생님이에요. 예쁘죠?"라고 말하고, 그림편지를 쓸 때는 종이 가득 하트를 그리며 삐뚤빼뚤한 지렁이 글씨를 적고는 "선생님, 사랑한다고 썼어요."라고 말하는 은영이를 포기할 수 없었다. 결국 은영이의 행동을 바꾸기보다는 더욱 사랑해주기로 마음먹었다. 전보다 더 안아주고 원에 오거나 돌아갈 때마다 사랑한다고 말해주고, 못한 일보다 잘한 일을 더 많이 이야기해주니 은영이가 서서히 변했다. 일 년이 거의 끝나갈 때쯤 은영이는 다른 사람의 물건을 가져가지 않았고, 거짓말도 안하게 되었다. 오빠에게 배운 비속어는 안 쓰려고 조심했고, 비속어인줄 모르고 썼을 때는 선생님이 주의를 주면 더 이상 쓰지 않으려고 노력했다. 나는 교육을 뛰어나게 잘 하는 교사는 아니지만 아이에게 사랑을 주면 아이가 변한다는 것을 경험을 통해 알게 되었다.

나는 유아행복전문가가 되기 위해서 공부하고 있다. 어린이집에서 아이들과 함께하면서 내 능력의 한계를 느끼고 대학원에 가게 되었다. 대학원에서는 아이들의 심리에 대해 더욱 심층적으로 배울 수 있었고, 전반적인 발달을 배우면서 당시 유아에만 집중했던 나에게 그 아이들이 더 성장한 후의 모습까지 생각할 수 있는 시야를 주었다. 또한 학업에 열정적으로 임하는 학생들을 하나하나 세심하게 살펴보며 알려주시는 교수님을 통해 교육자가 갖춰야 할 인격에 대해 다시 생각해볼 수 있었다. 어린이집 외에도 아동상담센터, 아동복지 관련 기관에 대해 이해하고 아이들을 위해 어떻게 연계할 수 있는지에 대해서도 알 수 있었다. 단순히 잘 가르치고 잘 돌보면 된다고 생각했던 나에게 대학원은 생각의 틀을 깨고 더 넓은 시야를 가질 수 있는 장이었다.

나는 아이들에게 행복을 나눠주는 사람이 되고자 한다. 아이들을 위해 일할 수 있는 수많은 분야 중에서도 직접적으로 아이들과 함께 매일매일 생활하며 바로 표현할 수 있는 어린이집에서 아이들의 행복을 위해 고민하고 싶다. 올바른 교육자로서 아이들의 미소와 웃음을 에너지로 삼는 사람이 되고 싶다.

선생님의 관심이 나의 삶을 변화시켰고, 나의 어머니께서 오랜 시간을 유아교육에 쏟으시며 예비교사들에게 꿈을 심어주셨으며 나의 작은 사랑이 아이에게 변화를 일으켰다. 나는 아이들과 함께 생활하는 것이 행복하다. 아이들이 자라서 어른이 되었을 때, 꿈과 비전을 가지고 나아갈 수 있도록 아이들을 행복하게 해주는 유아행복 전문가가 되겠다.

11

중남미 진출을 주도하는
문화 콘텐츠 전문가 되기

— 최민석

전 육군 장교, 자기계발 작가, 사업가, 동기부여가
6년간 목숨 걸고 나라를 지킨 육군 장교였다. 모두가 'NO'라고 할 때 'YES'라고 외칠 수 있는
근성 있는 작가이며 시간적, 경제적 자유를 누리기 위해 부의 파이프라인을 구축하고 있는 가슴
뜨거운 사업가이기도 하다.
• E-mail_ kournikova11@naver.com

"꿈이 있습니까?"

"아니요, 없는데요."

"장래희망이 뭔가요?"

"잘 모르겠는데요."

현재 10대, 20대의 많은 사람들은 위 대화에 공감이 갈 것이다. 많은 젊은 사람들은 자신의 꿈과 목표도 없이 사회가 이끌어가는 대로 흘러가고 있다. 시험 성적을 잘 받아 좋은 대학에 가서 대기업에 취직하거나 부모님과 사회가 강요하는 정해진 답에 맞춰가기 위해 무서울 정도로 같은 방향으로 나아가고 있다.

나 또한 그 사람들과 다르지 않았다. 부모님의 기대에 부응해야 하는 그런 삶을 살고 있었다. 자연스레 내가 하고 싶었던 것과 꿈들과는 점점 멀어져 갔다. 운동을 좋아해서 농구부, 야구부를 들어가고 싶었지만 공부에 방해된다는 이유로 포기해야 했다. 고등학교에 진학할 때는 디자인 관련 공부를 하고 싶었으나 인문계를 가야 한다는 부모님의 성화에 포기했다. 대학에 갈 때는 안정적인 직장을 찾아야 한다고 하여 공무원 시험을 준비했다.

　20대 초반까지 나는 내가 주도하는 삶이 아닌 많은 사람들이 정답이라고 맞춰 놓은 틀에 억지로 맞춰가야만 했다. 하지만 1년간 휴학을 하면서 조금씩 그 틀이 깨지기 시작하였다. 병아리가 세상에 나오기 위해 파각을 하듯, 온실 속의 화초처럼 살아왔던 내가 세상과 부딪히기 시작했던 것이다. 서빙, 문서 정리, PC방, 게임 스튜디오 등 아르바이트를 하면서 돈을 벌 수 있는 일들이 생각보다 많다는 것을 느끼게 되었다. 그때 갈라진 정답의 삶에 대한 고정관념의 틈은 시간이 갈수록 더욱 커지게 되었다. 내가 보고 경험했던 것이 세상의 전부가 아니라는 것을 몸소 느끼게 되었다.

　이렇게 20대 초반 가치관의 변화와 혼란을 느끼고 있을 때 인생의 큰 전환점과 마주하게 된다. 육군3사관학교 스페인어학과에 입교한 것이다. 의욕 없이 게으른 삶을 살아가던 내가 그곳에 들어가게 되면서 규칙적인 생활과 목표를 가지고 살아가게 되었다. 그 당시 생도들에게 강조하던 것이 목표 설정이었다. 주간, 월간, 연간, 3년 후, 5년 후, 10년 후, 20년 후 계획을 작성해서 항상 책상에 꽂아 놔야 했다. 그 당시에는 그저 귀찮은 일이었고, 불필요한 시간낭비라고 생각했었다. 하지만 지금은 목표를 적는다는 것의 위력을 몸소 느끼고 있다. 그 당시 적었던 목표는 '1년에 30권 책 읽기, 몸무게 75kg 달성, 스페인어 자격증 따기, 중남미 전문가 되기, 오너 드라이버 되기, 나만의 집 갖기'였다. 돌이켜 생각해보면 조촐한 목표였지만 이중 중남미 전문가와 대출이 많은 현재 집을 제외하고는 거의 이루었다.

입교 전 학과를 선택할 때 많은 고민을 했었다. 대학에서 2년간 배웠던 것을 활용하려면 경영학과나 경제학과를 가야 하는데 같은 계통의 공부는 하기 싫었다. 그래서 생각한 것이 '내가 하고 싶은 것을 해보자'였다. 남들이 하기 싫어하는 것은 왠지 하고 싶고 결국엔 행동으로 실천하는 청개구리 기질을 가지고 있었던 나는 스페인어학과를 선택하였다. 주위에 스페인어 전공자가 없을 뿐더러 일어, 중국어와 같이 인기 있는 학과도 아니었다. 이 선택은 나의 가치관을 크게 바꾸어 놓았고, 인생을 변화시키는 중요한 계기가 되었다.

스페인어 전공자였지만 유럽에 있는 스페인에는 관심이 없었고, 중남미 대륙에 대해 관심이 있었다. 왜냐하면 스페인어 전공자들은 스페인에 대한 공부를 많이 하고 중남미는 여러 가지 편견으로 인해 선호하지 않았기 때문이다. 또한 중남미 대륙에 대해 알아볼수록 참

많은 매력을 가진 곳이라는 것을 알게 되었다. 전 세계 6개 대륙 중 아프리카 대륙 다음으로 낮은 경제력을 가지고 있고, 스페인어만 할 줄 알면 중남미 20여 개 국가에서 의사소통의 걱정이 없다는 사실이 나를 열정으로 불타오르게 하였다. 발전 가능성이 큰 중남미 대륙으로 가서 나 스스로의 능력을 시험해보고 싶었고, 중남미 대륙의 경제력을 크게 향상 시키게 이끄는 중추 역할을 한국인인 내가 해보고 싶었다.

6·25전쟁 이후 폐허가 된 땅에서 근면, 성실, 열정을 바탕으로 이만큼 성장을 시킨 저력을 가진 국민으로서 수면 밑에 있는 거대한 시장을 개척하는 주인공이 되고 싶었다. 큰 꿈을 꾸긴 했지만 너무 큰 꿈이었을까? 당장 뭐부터 시작해야 할지 몰라 방황하고 있던 찰나에 책 한 권을 접하게 되었다. 천호식품 김영식 회장의 《10미터만 더 뛰어봐!》였다.

이 책은 잔잔한 호수 같던 내 마음에 강한 소용돌이가 되었다. 부산에서 손꼽히던 부자에서 한순간에 수억 원의 빚을 가졌지만 힘든 시기를 겪고 극복하는 과정은 방황하던 나를 제대로 채찍질하였다.

수십억 원의 빚이 있는 사람도 노력을 해서 크게 성공을 하는데, 빚도 없고 꼬박꼬박 월급을 받는 나를 돌아보니 한심하기 짝이 없었다. 이 책을 계기로 막연히 큰 꿈만 꾸던 상황에서 조금씩 방향을 찾아가기 시작했다. 책을 잘 읽지 않았지만 그 이후로 조금씩 독서량을 늘리면서 이제는 일주일에 많으면 두세 권 가량의 책을 읽는 독서광이 되었다.

고정관념을 깨고 창의적인 생각을 통해 나만의 사업을 하자는 현실적인 목표가 생겼다. 그것은 《100달러로 세상에 뛰어들어라》와 《나는 세계일주로 경제를 배웠다》라는 책이 계기가 되었다. 돈을 좇는 것이 아니라 고객들이 필요로 하는 것, 마땅히 돈을 지불하고 사용할 콘텐츠를 만드는 것에 초점을 맞추기 시작하였다. 또한 판매할 것은 무궁무진하다는 것도 알게 되었다. 분명한 건 이때의 최종 목표도 나만의 사업을 시작으로 중남미와 우리나라를 이어주는 선구자가 되는 것이었다.

지하철이나 버스를 타면 대부분의 사람들이 스마트폰 화면을 들여다보고 있다. 게임을 하거나, 노래를 듣거나, 웹툰을 보는 등 생각보다 많은 콘텐츠를 소비한다. 아무것도 하기 싫어하는 게으른 사람조차도 TV를 보고 컴퓨터와 스마트폰을 만지며 다양한 콘텐츠를 소비한다. 인터넷과 텔레비전을 통해 각종 매체는 매일 새로운 콘텐츠들을 만들어내고, 대중들은 그것에 열광하고 소비한다. 스마트폰 보급률이 83%로 세계 4위를 기록한 것을(KT 경제연구소, 2015 상반기 모바일 트렌드 보고서 발췌)보면 새삼스럽게 느껴지지 않는다. 수요가 있으면 그만큼의 공급이 따라오게 되어 있다. 이런 시대 흐름에 발맞춰 전문가에서부터 일반인에 이르기까지 많은 사람들이 다양한 콘텐츠를 인터넷을 통해 선보이고 있다.

음악계는 아이돌을 필두로 한 대중가요부터 마니아층을 가지고 있는 인디 음악까지 활발한 창작 활동을 벌이고 있다. 이것은 국내에만 머무는 것이 아니라 유튜브와 페이스북을 통해 전 세계로 퍼져나간다. 전 세계를 강타한 싸이의 강남스타일에서 동남아시아, 중동, 유럽 등 다양한 지역에 진출한 아이돌 그룹들의 활동에 이르기까지 지역을 막론하고 퍼져나가는 중이다. 또한 우리나라 예능프로그램을 벤치마킹하는 프로그램들도 여러 국가에서 많이 나오고 있다. 이러한 현상을 봤을 때, 우리나라 문화 콘텐츠들의 해외 경쟁력은 상당하다고 본다.

예로부터 '술과 음악, 춤, 흥'은 우리 민족을 대표하는 수식어였다. 이러한 재능을 가진 국민들이 생산하는 콘텐츠는 우리나라뿐만 아니라 다른 문화를 가진 나라에서도 충분히 통할 가능성을 내포하고 있다. 한국 영화, 드라마 판권의 꾸준한 수출과 가수들의 해외 콘서트가 지속되고 있는 것을 보면, 우리나라 문화 콘텐츠의 잠재력과 영향력이 뛰어나다는 것을 알 수 있다.

나는 우리나라의 다양한 문화 콘텐츠들이 중남미 대륙에 매우 큰 반향을 불러일으키리라는 것을 믿어 의심치 않는다.

중남미 대부분의 나라는 스페인의 침략으로 과거의 찬란한 문화와 교육 방식이 단절되어 현재 개발도상국의 수준에 머물러 있다.

한 나라가 성장하고 발전하는 것에는 문화와 교육의 영향이 크다. 우리나라만 봐도 일제 강점기 시절 일본이 문화 말살 정책을 통해 우리의 민족을 흔들어 놓았지만, 과거의 문화와 교육방식을 잃지 않아 그 힘든 시기를 이겨냈고, 현재의 경제 대국으로 성장하게 되었다.

개발도상국 수준에 머물러 있는 그들 국가에 우리나라의 문화 콘텐츠와 교육 철학을 전파한다면 유럽식 사고방식이 아닌 한국적 가치관을 통해 새로운 성장 모멘텀이 발생하여 급격한 성장을 이룰 수 있을 것이다. 나는 그 불씨를 당기는 주인공이 되고자 한다. 지구 반대편에 대한민국이라는 네 글자를 그들 가슴속에 박아 놓을 것이고, 우리나라 경제 성장에 새로운 활로를 만들 것이다. 대영제국이 그러했듯 대한민국을 해가 지지 않는 나라로 만들 것이다.

인생을 돌아보면 우연한 계기로 생활 패턴의 변화가 찾아왔고, 그에 따른 목표가 생겼으며, 행동과 사고방식의 변화가 생겼다. 그중 가장 큰 전환점은 《천재작가 김태광》이라는 책을 통한 책 쓰기의 중요성을 알게 된 것이다. 덕분에 나의 큰 꿈을 실현시키기 위해 가장 현실적이고 폭발적인 성장이 가능한 책 쓰기를 시작하게 되었다. 김태광 총수의 〈한책협〉에서 우물 안에만 머무르던 나를 우물 밖의 세상을 보여 주었고, 더 큰 세상에서 나에게 희망의 손길을 내밀어 주었다. 나는 그 손을 붙잡아 어린아이가 걸음마를 하듯 한 걸음씩 나아가고 있는 중이다.

　돌이켜보면 기회는 항상 내 주위에 머물러 있었다. 하지만 그것을 잡느냐 못 잡느냐의 차이가 다른 사람과 구별된다는 것을 알게 되었다. 나는 여러 가지의 작은 기회를 내 것으로 만들었다. 이번에 내 옆을 지나가는 큰 기회인 책 쓰기를 발견하고 붙잡았다. 이 기회를 통해 중남미 진출을 주도하는 문화 콘텐츠 전문가로 거듭날 것이다.

12

꿈을 향해 앞만 보고 나아가기

― 김신미

〈SM에듀드림컨설팅〉 대표, 〈청출어람진로연구소〉 소장, 〈SM에듀멘터학원〉 원장, 작가
10대 청소년교육에 앞장서는 자기주도 영어교육전문가이자 교사출신 교육상담가이다. 현재 인천
교육 살리기로 초·중·고등학생 및 대학생 제자들의 청춘 멘토로서 활동하며 꿈을 성장시키고
실현하도록 돕고 있다. 현재 《나도 가끔은 위로받고 싶다》와 《보물지도5》가 출간될 예정이고,
10대를 위한 자기계발서 《10대를 위한 꿈 공부법》을 집필 중이다.
• E-mail_ smee0124@hanmail.net
• Blog_ http://m.blog.naver.com/smee0124

어김없이 같은 시간에 울려대는 알람소리에 어둠 속에서 손을 뻗어 휴대폰을 누른다. 비몽사몽 멍한 눈을 비비며 스마트폰 불빛을 안내 삼아 일어난다. 요즘 부쩍 자고 일어나도 개운치 않은 정신과 몸 상태가 은근히 짜증스럽기만 하다.

목마름에 유리컵을 들고 정수기에서 뜨거운 물 절반과 찬물 절반을 섞어 한 잔을 채웠다. 마음 같아서는 뼛속까지 시원하게 잠이 확 깨도록 찬물을 마시고 싶었지만 40여 년 이상 나를 위해 열심히 가동 중인 나의 신체 장기들도 하루하루 자꾸 고장이 나면서 관심을 좀 달라고 아우성 중이라 이 맛도 저 맛도 아닌 미지근한 물 한 사발로 아침을 조심스레 깨우는 중이다.

하루가 시작된다. 이른 새벽에도 울어대던 눈치 없는 매미들 때문에 열대야의 선잠을 설쳤건만, 그랬거나 말거나 시간은 어찌 그리 째깍째깍 잘도 흘러간다. 멍한 정신을 깨우기 위해서 어쩔 수 없이 위장병이고 뭐고 나는 진한 커피향이 그리워진다.

베란다 통 창문을 통해 아침 햇살이 거실을 가로질러 놓여 있는 나의 집필 책상 위로 부드럽게 쏟아진다.

까톡!까톡! 커피 잔을 찍고, 아침 풍경을 찍어 보낸 S의 굿모닝 메시지다.

'참, 부지런한 사람이야. 대단한 아침형 인간들. 존경스럽다니까.'

내 인생의 원더우먼 중 한 명인 S는 제법 막강한 자산 규모를 가진 파이낸셜사 대표로서 지독한 자기관리 체중조절을 위해 저녁 6시 이후엔 물 한 모금도 안 마시며 금식을 한다. 배고픈 유혹에 시달리기 싫어 일찍 잠자리에 들다 보면 새벽 4~5시만 되면 저절로 잠이 깬단다. 눈을 뜨자마자 출근 준비를 해서 청담동 집 근처의 카페를 찾아 베이글과 따뜻한 커피로 허기진 배를 채우면서 자신의 뇌세포들을 깨우는 것을 시작으로 빠르게 하루를 깨뜨린다고 했다. 나는 그런 알파걸이자 골드미스인 그녀를 항상 멋진 여성이라고 엄지손가락을 척 세워준다.

그녀가 날 위해 선물해준 네스프레소 캡슐 하나를 커피머신에 넣고 기분 좋은 소리와 함께 그윽한 향기에 취해본다. 조지 클루니처럼 근사한 동행은 없어도 제법 행복한 아침 순간이다.

　미국의 16대 대통령이었던 아브라함 링컨의 주옥같은 명언은 너무도 유명한 일화들과 함께 전해진다. 그가 미국 역사상 빛나는 업적을 남긴 위인으로 영향력 있는 대통령이었다는 사실뿐만 아니라 나에게 링컨은 역사상 선한 메신저처럼 인간에 대한 존엄성과 배려를 몸소 실천한 멘토로서 특별한 의미와 존경심을 갖게 한 인물이다.

　초등시절 읽은 《톰 소여의 모험》, 《허클베리 핀의 모험》에서 나오고, 흑백 TV에 나오던 흑인들은 항상 몸종이나 노예로 나와 허드렛일을 하고 비참한 일들만 당하곤 했다. 그들을 보며 안타까웠고, 인간에 대한 일말의 배려도 없이 무시하고 학대하는 비열하고 나쁜 백인들의 모습에 화가 나서 어쩔 줄 몰랐었던 기억이 난다. 내 어린 시절의 정의감은 미국 역사상 남북전쟁이 남긴 그들만의 역사적 의미와는 상관없었다. 그저 선한 인물이 선한 뜻을 품고, 세상을 향해 상상도 할 수 없는 인류애를 보여준 것에 대한 감사함을 느껴 내 마음속에 영웅처럼 각인되었다.

　학창시절 위인전 독후감의 주인공은 언제나 '링컨'과 '이순신'이었다. 전심을 다해 정말 존경하는 마음을 표현한 글은 언제나 나에게 상장을 안겨줌으로 나의 충심 어린 존경과 애정을 더 크게 키워주었던 것 같다.

질풍노도의 학창시절과 서투른 젊은 대학 시절 일기장에는 링컨의 주옥같은 명언들로 여기저기 채워져 있었고, 순간의 결정과 살아가는데 필요한 지침을, 그의 말들을 통해 고치고 피드백하며 살아보려고 노력했다.

"나는 천천히 걸어가는 사람이다. 그러나 결코 뒤로는 가지 않는다(I am a slow walker, but I never walk backward)."

"꼭 성공하고 말겠다고 결심하는 일이 무엇보다도 중요한 것임을 항상 명심해라(Always bear in mind that your own resolution to succeed is more important than any other one thing)."

"사람이 얼마나 행복하게 될 것인지는 자기의 결심에 달려 있다(People are just as happy as they make up their minds to be)."

"나는 내가 할 수 있는 한의 최선의 것, 내가 아는 한의 최선의 것을 실행하고, 또한 언제나 그러한 상태를 지속시키려고 한다(I do the very best I know how—the very best I can; and I mean to keep on doing so until the end)."

그리고 공부해야 하는 많은 청소년들과 만났을 때 나는 그들에게 많이 공부하는 것보다 제대로 공부하는 것이 훨씬 중요하다는 사실을 링컨 대통령의 명언으로 인용한다.

"나에게 나무를 베는 데 1시간이 주어진다면, 나는 도끼를 가는데 45분을 쓰겠다(If I had only an hour to chop down a tree, I would spend the first 45 minutes sharpening my ax)."

어느덧 내 인생의 중반을 넘어서니 이제껏 살면서 섭섭하게 했던 이들, 상처받은 일들 속에 갇혀 성내고 후회함으로 내 과거의 편린들을 가치절하하고 싶지 않다.

젊은 20대 보다야 너무 많이 지나쳐 왔고, 아름다운 생동감을 가진 30대 보다는 빛나지 않지만 링컨의 말처럼 40대는 자신의 얼굴에 책임을 져야 한다.

불혹의 나이 40대에는 정말 많은 일들을 제대로 할 수 있음에도 불구하고 우리는 폐경과 갱년기를 앞두고 여성으로서 더 이상 매력이 없어지고 향기가 없어지는 잃어버리는 것들, 놓치는 것들만을 아쉬워하고 있지는 않는가?

얼마 전 TV를 통해 아름다운 40대의 여배우들로 김혜수, 고소영, 이영애, 한고은, 이미연, 제니퍼 로페즈, 샤를리즈 테론 등 지금도 20대 못지않게 멋지고 매력 넘치는 그녀들을 소개하는 프로그램이 있었다. 방영 이후 달린 수많은 SNS 댓글 중에는 "나이는 역시 못 속인다.", "한물갔다.", "남자는 나이 들면 더 멋있어지는데 역시 여자는 어린 게 제일 큰 미모." 등의 빈정거리는 말들로 도배를 이루고 있었다.

그들만큼 아름다운 외모를 가진 적이 평생 한순간도 없는 나로서는 예쁜 걸 예쁘다 말해주지 못하는 쫌탱이같이 뒷말에 힘쓰는 그들의 입(방정맞은 얄미운 주둥이)를 한 대 톡 쳐주고 싶었다.

선한 것을 꿈꾸는 사람은 조금 맹한 듯 보일지 모르지만 나는 그 선함이 좋다.

가격 흥정을 잘해서 물건 값을 깎으면 잘 사온 것 같지만 그 물건을 파는 상인이 기분 좋게 깎아주지 않았다면 그 물건이 지금 내 옆에 있지 않을 수도 있다. 좋은 물건 값싸게 잘 샀다는 으쓱한 기분 좋은 순간을 갖지 못할 수도 있으니까 말이다.

"깎아줘요, 그 값엔 밑져서 못 팔아."
"좀 더 줘요, 더 주면 남는 거 없는데 우린 뭘 먹고 살라고."

능청스레 서로를 구슬리는 여유와 정감이 사람 사는 맛을 느끼게 해주는 것 같다.

치열한 삶의 현장에서 서민 갑부가 된 부자들이 자신의 지난날을 돌아보면서 징그럽게 고생하고 살아왔음에도 한 번도 포기한 적 없고, 하루하루 큰 욕심 부리지 않고 열심히 일해 왔다는 불문율 같은 말들을 한다. 나의 멘토 링컨은 "45분간의 도끼날을 갈아 더 날렵하게 나무를 베는 나무꾼처럼 세심하고 기본이 되는 것들에 신중하라."고 말하면서 그런 행동들이 마침내 성공하게 할 것이라 조언한다.

　인생의 중반부를 천천히 걷고 있는 나는 오늘도 놓치고 싶지 않은 나의 꿈을 향해 한 발자국 더 앞으로 나갈 뿐 결코 뒤로 가지는 않을 것이다.

13

멘토가 필요한 사람들을 위한
강연가 되기

— 소준환

성공철학 작가, 강연가, 동기부여가, 성공학 메신저
'내가 하고 싶은 것'을 찾기 위해 재수도 했고, 대학교 중퇴를 했고, 꿈 없이 살며 방황하는 인생을
살았다. 하지만 어느 순간 '이건 아니다' 싶어 책을 읽었고, 책 분야 중 성공학 저서들의 재미를
느껴 성공철학 작가를 꿈꿨다. 나아가 코치, 강연가라는 메신저의 삶을 추구한다. 현재 개인저서를
집필 중이며 '성공철학'을 가지고 블로그를 운영 중이다.
• E-mail_ xbox360o@naver.com
• Blog_ blog.naver.com/xbox360o

영화 〈변호인〉를 봤다. 지금은 고인이 되셨지만 성장보다는 우리
나라의 문제점들을 많이 균형화하고자 노력하신 고 노무현 전 대통
령. 이 영화는 그가 대통령이 되기 전에 인권변호사 시절에 그의 인
생을 바꾼 계기가 된 '부림사건'에 대한 영화다. 여기서 노무현 대통
령이 법으로 사람들을 지켜주는 이야기가 너무 마음에 들었다. 그가
발언하는 말들이 논리적이면서 정당화 되는 말들, 그리고 법으로 이
룬 정의와 윤리적 가치가 매우 훌륭했다. 그래서 나는 '강연가가 되
면 저분처럼 멋진 말들로 사람들을 휘어잡아서 많은 사람들을 도와
야지'라는 마음을 먹었다.

처음부터 '강연가 되기'라는 꿈을 가지진 않았다. 23살에 시를 써

서 24살부터 책을 쓰기 시작했고 작가가 되고 싶었다. 그 후 브렌든 버처드, 네빌 고다드, 김태광, 권동희 등 수많은 작가들을 보고 강연가의 삶이 재미있고 멋있게 느껴져 '나도 작가가 되면 강연가라는 삶까지 살아야지'라고 희망하고 다짐했다.

롯데백화점의 후원으로 〈마이크임팩트〉에서 주관하는 '2015 그랜드 마스터 클래스 빅 퀘스천'이라는 강연 행사에 간 적이 있다. 여러 명의 작가들이 철학을 바탕으로 하는 강연이었다. 김난도, 강신주, 김영하, 진중권, 알랭드 보통 등 유명한 작가들로 철학적인 행사를 진행하며 전문가로서 주옥같은 질문과 답변을 했다.

'생각은 어떻게 탄생하는가', '미래는 예측할 수 있는가', '왜 나는 너를 사랑하는가'와 같은 다양한 주제로 구성되어 강의가 진행되었다. 특히, 세계적인 지성인 알랭드 보통의 '불안'과 '사랑'에 관한 키워드가 매우 인상적이었다. 인생을 살아가면서 겪는 불안감들, 예를 들면 학업, 뉴스, 한국사회, 정치, 연인 등으로 인한 불안들과 연애에 관한 감정을 철학으로 다룬 것이 가장 감명 깊었다.

그 외에도 강연가들의 질문과 답변들이 매우 인상 깊었다. 인간의 사상과 통념, 윤리, 정의, 사랑에 관한 생각 수업이 인간적 내면을 이루는 가치 발전에 큰 기여를 한다는 것을 머리와 몸으로 체험한 경험이었다.

강연이 문학, 윤리, 환경, 심리, 자기계발, 철학, 경제 등등 모든 분야를 다룰 수 있고 접근할 수 있어 인간의 지식을 한층 발달시킨다는 생각이 들었다. 그래서 더욱 강연가가 되고 싶은 마음이 커졌다.

그러나 내 성격이 소심하고 내성적이다 보니 '과연 내가 강연을 잘할 수 있을까?'라는 생각을 해봤다. 하지만 긍정적인 생각도 해봤다. '작가도 작가지만 강연까지 하는 인생을 살면 행복하겠지?', '강연으로 누군가에게 도움을 줄 수 있겠지?', '사람들의 내면을 디자인해줄 수도 있겠지?' 등 좋은 방향으로 의문을 가졌다. 강연에 관한 경험상 질문하고 의문을 품는 생각의 힘이 얼마나 중요한지는 강연에서 배웠으니 말이다.

나는 20대가 되어 혼잣말을 할 때가 많았다. 특히 군대를 제대하고 나서 심해졌다. 군대시절 군수와 보급병 3종을 맡았다. 어떤 직종이냐 하면 쉽게 말해서 '주유소를 관리한다'라고 생각하면 좋을 것이다. 기름통을 닦고 관리하고 수량을 보고 맞추는 단순 업무지만 기름 무게가 만만치 않아 금방 지쳐버린다. 이런 지루하고 지치는 업무를 혼자 할 때가 많았다. '유류고'라는 기름 보관 장소에서 혼자 일하다 보니 매우 심심했다. 그러다가 이러저러한 생각을 했고 나도 모르게 혼잣말을 했다. 특히 혼자 있을 때 혼잣말이 심했다. 혼잣말을 하다 보면 시간 가는 줄도 모르고 마치 쌩쇼(?)를 하는 듯 연설을 했다. 남들이 보면 "딱하다.", "안됐다." 하겠지만 오히려 좋은 점도 있었는데 바로 강의 연습할 때 매우 좋았다. 심리학적으로 혼잣말을 하는 사람들의 머릿속은 혼잣말을 하기 전 매우 복잡하고 어지러운 생각들이 있다는 것이고 혼잣말을 함으로써 그 복합적인 생각들을 풀어서 정리하게 된다. 그러다 보면 어느새 논리적인 발언을 할 수 있고 머리가 정리되어 뇌의 긴장감이 풀어진다. 그래서 그런지 혼잣말을 강연으로써 활용할 수 있겠다는 생각이 들었다.

강연가라는 직업이 한국에서는 생소할 수 있다. 작가라는 직업 역시 생소하기 마찬가지이다. 그래서 나는 좋다. 개성을 중요하게 여긴다고 느껴진다. 남들이 하지 않는 걸 나는 선호할 때가 많았다. 게임, 책, 인생 사는 생각, 쇼핑, 옷 등등 말이다. 그렇다고 옛날 것만 찾는 것은 아니다. 인기 있지만 인기 항목 중 꼴찌를 보는 방법을 주로 해왔다. 그래서 그런지 우스꽝스럽거나 뒤처지는 면도 많았다. 어찌 생각하면 '강연을 위한 운명인가?'라는 생각도 했다.

대부분 청중들은 자신이 원하는 답을 알고 있고 그 답을 듣고 싶어 한다. 나 역시도 강연을 듣는 청중 속에 있으면 그런다.

인간은 항상 고민을 가지고 다닌다. '나는 왜 사는가?', '성공하고 싶은데 어떻게 할까?', '어제 일로 내 애인이 날 싫어할까?', '사랑이란 무엇인가?', '정의란 무엇인가?' 등의 고민이 주를 이룬다. 이런 질문들을 찾고 알려주는 것이 강연가의 사명이자 기본적 윤리라 생각한다. 하지만 이것만 가지고는 안 된다. 청중은 듣고 싶어 한다.

자기가 듣고 싶어 하는 것을 말이다. 그걸 찾고 답을 알려줘서 '그렇다면 어떻게?'라는 의문이 생길 때 방법을 제시하는 역할을 해야 한다. 힘들고 어려운 여정이기다 보니 많은 노력이 필요한건 사실이다. 그러나 남들이 하지 않는 직업을 다루고 활용하여 많은 사람들이 듣고 싶어 하는 답을 알려주는 직업이기에 보람을 느낄 것이다.

나는 머리가 좋지 않다. 아이큐 80정도의 지식을 가지고 있었다. 그래서 학창시절 성적은 최악이라고 해도 과언이 아니다. 그래서 원하는 대학도 못 가고, 재수를 한 뒤에도 내가 원하는 대학을 못 갔다. 물론 나의 개인적 일들 때문인 것도 있지만 흔히 국어, 영어, 수학, 탐구 같은 과목은 내 체질이 아니었다. 하지만 강연가가 된다면 내 말을 듣는 청중들에게 꿈을 심어줄 수 있을 것 같았다. '바보가 무얼 하겠어?' 라고 반론을 제기할지도 모른다. 나는 어떤 면에서는 바보가 맞으니깐 말이다.

"바보는 천사일지도 모른다. 길 잃은 우리의 발걸음을 인도하는 수호천사일지도 모른다. 바보는 아바타일지도 모른다. 때 묻은 우리 가슴을 정화시켜주기 위해 화신이 된 순수의 아바타일지도 모른다. 어쩌면 바보는 메시아일지도 모른다. 생의 뒤안길에서 신음하는 그 한 사람을 구하기 위해 사람의 몸을 입은 하늘이 보낸 메시아일지도 모른다."

이 말은 《바보Zone》의 저자 차동엽 씨의 말이다. 이처럼 나는 바보일지언정 누군가를 위한 멘토 역할의 강연을 할 것이다. 그래서 많은 이들이 대한민국을 바꾸는 올바른 혁명적인 일을 할 수 있게 만들고 싶다.

"에릭월의 강연을 듣고 받은 영감으로 3백만 달러 이상의 수익을 창출했다."라는 말은 세계적인 IT기업 마이크소프트가 에릭월이라는 창의력에 관한 특강을 듣고 난 이후 경험한 후기이다. 강연이란 엄청난 효과가 있다. 지금은 없지만 네빌 고다드라는 영국령 서인도제도 출생의 형이상학자이자 강연자이다. 그는 강연으로 청중들의 상상력을 자극했고, 행동으로 실행하게 만든 강연가이다. 양팔, 양다리가 없지만 희망과 성공을 심어주는 닉 부이치치도 강연을 함으로써 감동적인 경험을 만들어냈다. 재밌는 건 성경을 만든 하나님도 강연가라는 사실이다.

성공학의 거장 나폴레온 힐, 앤서니 라빈스, 브라이언 트레이시, 폴 마이어, 존 맥스웰, 데일 카네기는 작가이자 강연가의 삶을 살면서 많은 이들에게 영감을 불러 일으켰고 삶을 바꿔줬다. 연설로 감동시키는 강연이라는 행위야말로 가치와 윤리가 묻어난 인간의 본질, 내면의 힘이라고 확신한다.

강연을 함으로써 기업을 성장시키고 직장인, 학생, 주부, 공무원, 정치인 등등 모든 청중들을 발전시키는 강연가야말로 진정한 강연가라고 생각한다. 나아가 사람들을 컨설팅해주는 멘토 역할을 하여 잘못된 사상을 가지고 행동을 하고 있는 분들을 올바른 생각과 정당성 있는 모습으로 바꿔주고 싶다.

14

해피네 가족 아메리카 대륙 1년 여행하기

― 김정현

〈대한민국 상상공작소〉 소장, 자기계발 작가, 〈SE부동산 컨설팅〉 대표
국립부경대학교에서 물리학을 전공하고, 산업인력공단의 국비지원 아일랜드 인턴쉽을 수료하
였다. 직장생활 8년 동안 주경야독하여 동아대학교 경영대학원에서 MBA 과정을 수료하고,
출퇴근 시간을 이용하여 하루 3시간 독서를 실행하였다. 자신의 꿈을 이루기 위해 가족과 함께
1년간의 아메리카 대륙 여행을 계획했고, 현재 제주도에서 준비 중이다.
• E-mail_ conan1880@naver.com

일반 회사원이었던 나는 2015년 9월 1일자 부로 사직원을 제출했
다. 그것도 안정적인 외국계 회사 구매업무를 뒤로 하고 약 8년간의
회사생활을 종료했다. 주변 사람들은 나에게 운이 좋아 로또 복권이
라도 당첨되었냐고 질문한다. 가당치도 않는 물음을 뒤로 한 채, 우
리 가족은 두 달 후 알래스카를 가기로 했다. 그리고 알래스카 앵커
리지에서 서부 해안을 거쳐 아르헨티나 부에노스아이레스까지 1년
간의 여행을 할 계획이다.

현재 우리 가족은 제주에 잠시 머물 거처를 마련하고, 약 두 달
간의 기나긴 여정을 위한 적응기를 가지고 있다. 퇴사 직전, 안정적
인 직장생활을 하던 나에게 사람들은 왜 하필이면 아메리카 대륙여

행이냐고 물었다. 내가 이처럼 아메리카 대륙 종단여행을 목표로 한 것에는 세 가지의 이유가 있다. 첫째가 나의 꿈이었고, 둘째가 아이들에게 건강한 자존감 형성과 더 넓은 곳을 보여줌으로써 아이들 스스로 꿈을 만들게 해주고 싶었고, 마지막으로 화목한 가정을 만들기 위해서였다.

이번 여행의 프로젝트명을 '해피네 가족 아메리카 대륙 1년 여행하기'로 명명하였다. 정진홍 작가는《정진홍의 사람공부》에서 "꿈을 좇는다는 것은 미지에 대한 두려움을 넘어 그것에 도전하는 것이다. 그리고 그것을 통해 스스로의 한계에서 벗어나고 자신 자신을 넘어서게 만드는 일이다."라고 말했다.

회사생활을 시작한 2008년도부터 출퇴근 시간을 통해 틈틈이 독서를 하며 약 50여 가지의 버킷리스트를 작성하였다. 첫 번째 항목이 '아메리카 대륙의 여행'이었다. 나의 한계를 시험하고 싶었다. 아무나 할 수 있는 그런 꿈 말고, 정말 나만 할 수 있는 꿈이고 싶었다. 그래서 만나는 사람들에게 공공연하게 이 꿈에 대해 떠들고 다녔다.

그 꿈을 꾸게된 계기에는《바람의 딸, 걸어서 지구 세 바퀴 반》의 한비야 월드비전 세계시민학교 교장과《꿈꾸는 다락방》의 이지성 작가,《멈추지 마, 다시 꿈부터 써봐》의 김수영 작가와 〈한책협〉의 김태광 총수가 있었다. 이 모든 사람들이 나의 지원군이자 지지 세력이었다.

2010년 첫째인 세은이가 태어나던 해, 살고 있던 아파트에서 두 명의 중학생 아이가 성적비관으로 자살을 했다. 반에서 1등 하던 아이가 5등으로 성적이 떨어졌고, 그에 자존심이 상한 나머지 목숨을 끊었던 것이다. 아이들의 부모는 각각 중학교 수학교사와 대학교 물리학과 교수였다. 그 자살한 아이 중 한 명의 유서에는 "무덤에 자신이 사용하던 아이팟을 함께 묻어 달라."는 메시지가 있었다. 유일하게 자신의 이야기를 들어주고, 묵묵히 곁에서 자리를 지켜주던 싸늘한 전자기기가 그 여중생에게는 큰 의미와 존재였던 것이다.

이렇듯 아이들의 자존감이 급격히 무너지고 있다. 우리나라는 OECD 가입 국가 중 자살률이 1위다. 경제협력개발기구(OECD)의 '건강통계 2015'에서는 한국인의 10만 명당 자살률은 2위 헝가리의 19.4명보다 훨씬 많은 29.1명이라고 한다. 약 10명 정도가 더 많다. 이는 대한민국 국민 모두의 꿈이 상실되고 있다는 증거다. 어린 시절부터 부모가 하라는 공부만 하고, 부모가 하라는 것이 유일한 길이라고 생각하는 것이 문제인 것이다.

자라면서 도저히 자신의 인생을 감당할 수 없게 된 결과다. 만약 자살한 아이들이 자신이 하고 싶었던 꿈이나 가슴 두근거리게 만들 수 있는 삶의 원동력을 스스로 구성할 수 있었다면, 결코 성적 비관으로 자살하지는 않았을 것이다.

청소년뿐만이 아니다. 종종 만나는 지인들에게 꿈을 물어봐도 다를 바 없다. 오늘 자신에게 주어진 현실을 극복하는 일이나 타인이 제시한 안전한 길이라 하는 것들이 유일한 삶의 의미가 되었다. 특히 중고등학교 학생들에게는 SKY대학 입학이, 대학생들에게는 공무원 또는 삼성 입사가, 직장인에게는 고연봉 급여자가 아니면 사회의 루저 취급을 받는 현실 자체가 문제다.

나는 세은이, 준서가 말하기 시작할 때부터 아이들의 꿈에 대해 물어왔다. 공교롭게도 현재 6살, 4살인 세은이와 준서의 첫 번째 꿈은 토끼와 코끼리였다. 세은이는 새하얀 털이 너무 귀여워 토끼였고, 준서는 코끼리의 우람한 체격에 반해 늘 코끼리 동화책을 읽어 달라고 했었고, 코끼리가 그려진 티셔츠만 입었다.

2년여가 지난 현재 세은이의 꿈은 간호사이다. 친구가 다쳐 치료를 해주고 마무리로 밴드를 붙여 주면 그렇게 기분이 좋을 수가 없다고 했다. 세상 사람들의 상처를 다 어루만져 주고 싶다는 이 아이의 눈에는 간호사가 이 세상에서 가장 가치 있는 일로 느껴진 것이다. 그 예쁜 마음이 그저 대견하고 기특할 따름이다. 준서의 경우, 아직 꿈이 인간은 아니다. 즐겨보는 만화 프로그램인 변신로봇 터닝메카드가 꿈이라고 하는데, 남자아이라서 그런지 힘이 세져서 약한 사람들과 동물들을 구해주는 일이 가장 가치 있는 일이라 생각한다. 난 앞으로도 아이들의 꿈을 지속적으로 물어보고 이를 정리할 계획이다. 이번 여행을 통해 아이들은 기존 우리가 살던 곳과는 전혀 다른 곳을 생활하고 느낌으로써 또 다른 꿈을 꾸게 될 것이다.

가정은 공동생활이 이루어지는 최소단위이자, 사회생활의 출발점이다. 이는 사회가 건강하기 위해서는 가정이 안정해야한다는 반증이다. 최근 이은형 국민대 경영학 교수의 칼럼인 '저녁이 있는 삶, 불가능한 꿈일까'에서 "우리나라 아빠가 자녀와 같이 놀아주거나, 책을 읽어주는 시간은 하루 3분, 돌봐주는 시간도 3분으로 OECD 회원국 중 가장 짧았다. 어린이들이 부모와 함께 하는 시간 역시 하루 평균 48분으로 가장 짧았다. OECD 평균은 하루 151분이고, 이중 아빠와 함께하는 시간은 47분이다. 이웃나라 일본 어린이들만 해도 아빠와 함께 놀거나 공부하는 시간이 하루 12분으로 한국의 2배다." 라고 전한다.

　　나의 경우도 근무시간이 오전 9시에서 오후 6시까지이며, 출퇴근 시간 왕복 3시간, 아이와 함께 있을 수 있는 가능시간은 고작 저녁 8시에서 9시 사이이며, 아내와 대화할 수 있는 시간은 없다. 우리 세대에 아이 키우는 집의 부모들은 공감할 것이다. 피곤한 몸을 이끌고 집에 와 양육을 하는 부모들은 아이에 대한 상투적인 대화만 있을 뿐이다. 특히나 맞벌이 부부들은 더 심하다. 아이들의 양육에 대한 날이 시퍼런 대화만 오간다.

　　나의 경우는 양호한 편이다. 회사 야근이나 특근으로 인해 아이들이나 아내 얼굴도 못 보는 직장인들이 부지기수다. 일주일에 한 번이라도 보면 좋겠다는 지인도 있다. 아이들과 시간을 같이 못 보내는 것에 대한 것도 문제지만, 더욱더 위험한 상황은 아내와의 대화 부족이다. 그러다 보니, 가족의 미래나 현실에 대한 사항은 늘 마찰이 일어난다. 안 그래도 빠듯한 살림살이에 늘어나는 아이의 장난감, 교구, 과외 활동이 매번 소통하기 힘든 아빠들 눈에는 불필요하게 느껴질 때가 많다.

그래서 아이들의 육아만큼은 아내와 공동책임이어야 된다고 생각한다. 이에 자주 아내와 날이 선 공방을 주고받던 찰나, 1년 동안의 여행을 통해 아이에게는 자연과 함께 할 수 있는 시간을, 아내에게는 워킹맘으로 아이와 함께 할 수 없었던 불편했던 마음을 해소하게 해주기로 마음을 먹었던 것이다.

여행 중 우리에게 닥쳐질 어려움들이 많을 거라 생각한다. 사실이 계획은 세은이, 준서가 중고등학생이 되는 2025년에 실행하기로 했던 것을 올해로 앞당겼다. 아마도 그때가 되면 따라나서지도 않을뿐더러, 내 꿈이나 아이들 정서에 여러 변화가 있을 거라는 막연한 긴박감을 느꼈기 때문이다.

계획보다 더 빠르게 실천하게 된 1년 동안의 아메리카 대륙 여행에서 우리 가족을 위해 꿈꾸는 나의 세 가지 목표를 모두 달성하기를 희망한다.

15

꿈꾸는 동안(童顔) 되기

— 이선경

〈즐거운 스피치〉 대표, 동기부여가, 자기계발 작가, 서비스 마인드 전문 강사
10년 넘게 골프장에서 근무한 경험을 바탕으로 스트레스 없이 즐거운 서비스를 제공할 수 있는
방법을 스피치와 접목하여 '재미있는 서비스' 강의를 하고 있다. 서비스와 자기계발의 상관관계에
대한 저서도 집필 중에 있다.
• E-mail_ gs2sun@naver.com

"존재하는 모든 것은 이유가 있다."고 하는 이야기를 "사람마다 각기 다른 얼굴로 태어난 것도 분명 이유가 있다."라고 바꿔 말하고 싶다. 만약 그렇지 않다면, 조물주가 지구상의 모든 인간들을 예쁘고 멋지게 인형 같거나 조각 같은 외모로 만들었겠지, 72억 인구 저마다 각각 다른 얼굴로 만들었을까?

지하철을 기다리다 스크린도어 외부에 붙어있는 광고판에 눈이 갔다. 모두 팔짱을 끼고 비스듬한 자세로 선 여러 명의 젊은 여성들이 눈에 들어온다. 그냥 지나치면서 볼 때는 성형외과 광고인 줄 알았는데, 자세히 살펴보다가 어학원 광고라는 것을 알고 소스라치게

놀라 한걸음 뒤로 물러섰다. 아마도 사진 속의 모델들은 학원 소속 미모의 강사들이라 추측되는데, 모두 한결같은 오똑한 콧날과 쌍꺼풀진 초롱초롱한 눈으로 오가는 사람들을 향해 미소를 짓고 있는 것이다. 누가 누군지 전혀 분간이 안 되는 비슷비슷한 얼굴을 보면서 의문이 들었다.

'남과 다른 개성'을 중요하게 생각하는 사람들이 점점 늘어가고, 예전과 다르게 다수의 의견도 중요하지만, 소수의 개성도 존중받아야 한다며 목소리는 높이면서 얼굴은 남과 같아지려고 애를 쓰는지 모르겠다.

"동안(童顔)이시네요."

나와 처음 만나는 사람들은 모두 한마디씩 이렇게 말한다. 물론 처음부터 나이를 이야기하고 만나거나, 모임의 장소에 가는 것은 아니지만 어느 순간 자연스럽게 나이 얘기가 나오면 의례적으로 듣는 말이라 이젠 새삼스럽지도 않다. 그렇다고 "나 잘났수."라는 자랑은 더더욱 아니다. 40대 중반까지만 해도 '동안'이라는 소릴 들으면 저절로 어깨에 힘이 들어가며 코평수가 괜히 넓어지고 기분이 좋아서 은근히 '동안'이란 칭찬을 즐기기까지 했었는데, 인생 절반 50살을 넘어서 듣는 "동안이시네요."는 어깨가 무거워지고, 묘한 책임감을 안겨준다.

남들은 백방으로 노력해도 안 되는 '동안'을 타고 태어났다는 것은 삶 속에서 받아야 하는 행운을 미리 당겨 받은 것이거나 아니면 다른 이들보다 덤으로 행운을 더 얻은 것이다. 나는 후자의 해석이 더 마음에 든다. 그러므로 남들보다 더 많은 일, 더 좋은 일을 더 오랫동안 해야 할 책임과 의무가 있다고 생각한다.

나는 '내가 잘 할 수 있고, 또 잘 하는 것으로 남을 도울 수 있는 방법이 무엇이 있을까?'를 생각하다 '강사'의 길을 택했다. 골프장에서 오랜 시간 고객들과 접하고, 직원들 교육을 담당하면서 서비스 접점에서 근무하는 직원들 모두가 서비스를 어렵게만 생각한 나머지 극심한 스트레스에 시달리고 있는 것을 알았다.

그런데, 나는 서비스가 그렇게 어렵고 힘든 일이 아니라고 생각하는 사람이자, 서비스교육 담당자로서 직접 보고, 느끼고, 체험한 경험을 바탕으로 많은 서비스업 종사자들에게 "서비스란 이런 것이다."라고 알려주고 싶어졌다. '내가 이미 알고 있는 것을 어떻게 하면 좀 더 쉽게 이해시킬 수 있을까?'를 고민하던 어느 날, 한 통의 전화가 나의 결심에 불을 지피며 어서 움직이라고 등을 떠밀었다.

한 통의 전화는 다름 아닌 요즘 많은 문제가 되고 있는 '보이스 피싱' 전화였는데, 나는 그 전화 속의 알지도 못하는 남자가 던진 미끼를 덥석 물고 낚여서 통장의 돈을 몽땅 송금 시켜주었다. 처음 통화에서 그 낚시꾼은 내게 거부할 수 없는 미끼를 투척했다. 그 당시 나는 자동차를 사면서 캐피탈 할부를 이용하고 있었는데, 60개월 할부 기간 중 12개월 정도가 남았을 때 연체 없이 꼬박꼬박 할부금을 납입한 고객에게 현재 이자율의 50%에 해당하는 조건으로 대출이 가능하다는 것이었다. 50%란 소리에 나는 그만 홀딱 넘어가서 묻지도 따지지도 않고 수화기 너머 들려오는 목소리가 하라는 대로 움직이고 말았다.

2천만 원이 든 통장에 50만 원이 남았을 때 정신이 번쩍 들었다. 그때도 휴대폰 너머의 목소리가 계속 돈을 입금시키라고 주문을 하고 있었는데 그제서야 정신이 든 나는 그 사람에게 말했다.

"여보세요 그만합시다. 당신 내 돈 가져가려고 노력한 거 인정합니다. 그만둡시다."

전화를 끊고 난 후, 나는 떨리는 마음을 진정시킬 수가 없었다. 잃어버린 돈을 찾으려면 어디에든 신고라도 해야 하는데, 머릿속은 온통 딴 생각으로 가득하고, '이 기막힌 에피소드를 어떻게 사용하지?'라는 생각에 흥분된 심장이 몸 밖으로 튀어 나올 것만 같았다.

그랬다! 서비스는 사람의 마음을 사기 위해 제공하는 것이다. 토끼를 잡을 때는 귀를 잡는 것처럼 사람은 마음을 잡으라고 했는데, 마음을 잡기 위해서는 '보이스 피싱'처럼 거부할 수 없는 미끼를 던

져야 하는 게 당연하지 않은가?

'정년퇴직 후에는 캐디로 시작해서 경기과장이 되기까지의 성공 스토리를 토대로 서비스강사가 되어야겠다'는 꿈을 막연하게 가지고 있던 내게 마치 누군가 '지금이 그때야'라고 속삭이고 있었다.

국방부 소속 군 골프장에서 나는 이미 정년이 보장된 '철밥통'이나 다름없는 안정적인 자리를 박차고 과감하게 사표를 제출했다.

"50의 나이에 새롭게 시작한다는 것이 얼마나 어려운지 아느냐? 편안하게 회사 다니다가 정년퇴직하고 해도 되지 않느냐?"며 걱정하는 동료와 가족들의 만류에도 불구하고 나는 자신이 있었다. 이제까지 살면서 경제적으론 풍요를 누리지 못하고 살았지만, 마음이 시키는 것을 하지 않고는 배기지 못하던 나는 자꾸 풍선처럼 커져만가는 꿈을 잡고 날고 싶었다.

돌아서 왔지만, 엄밀하게 따져보면 나는 이제야 제자리를 찾은 것이다. 처음 골프장에 들어간 이유도 글을 쓰기 위해 경제적인 문제를 해결하려던 것이었다. 그러다가 캐디를 하면서 캐디마스터가 되고 싶어졌고, 캐디마스터가 된 이후에는 경기과장 자리가 탐나고, 과장자리에 앉아서는 몸담고 있는 골프장만이 아니라 전국의 골프장을 무대로 서비스교육을 하는 강사가 되고 싶어졌다.

꿈은 꿀수록 점점 커진다는 것을 알았다. 그리고 꿈을 향해 한걸음, 한걸음 나아가면서 희열을 느끼며 내 존재의 이유를 알아가고 있다. 삶의 모든 순간이 기막힌 하나하나의 에피소드로 이루어졌다는 것과 그 과정을 겪으며 삶의 맷집도 키우고 도전해야 꿈에 이를 수 있다는 것을 깨닫는 중이다.

지구상에 존재하는 모든 사람들은 꿈을 꾼다. "지치면 쓰러지고 미치면 성공한다."는 말처럼 꿈에 미쳐있는 동안은 절대 나이를 먹지 않는다.

남은 삶도 꾸준히 꿈을 꾸는 동안(童顔)으로 살아갈 것이다!

16

인생의 해답을 찾는 독서법을 알리는 북코치 되기

— 김용분

보육교사, 북 멘토, 자기계발 작가
현재는 보육교사 5년 차이며 이전에는 홈스쿨 피아노강사이기도 했다. 삶이 힘들 때 책에서 힘과
에너지를 받고 살아 왔다. 앞으로도 몰입독서를 통하여 승리하는 인생2막을 단단하게 만들어서
북 멘토가 되어 나 자신과 세상에 선한 영향력을 미치고 싶다. 나의 존재감과 나의 미래를 응원
하기 위해 개인저서를 집필 중이다.
• E-mail_ ybkim0228@naver.com

다급하게 책을 읽는 버릇을 가진 사람은 좋은 책을 천천히 읽어
나갈 때의 묘한 힘을 얻지 못한다고 한다. 이제와 보니 책 속에 있는
내용과 행간의 뜻을 이해하기보단 나도 모르게 권수 채우기에 급급
했었다. 단 한 권을 읽어도 변화하고 깨우침이 있어야 제대로 된 책
읽기가 될 터인데 책 마치기가 무섭게 다른 책으로 손이 갔다. 그 안
에 있는 내용들을 하나라도 사색하고 실천하고 자신의 것으로 만들
어야 더 나아가는 삶이 되었을 텐데 그동안 읽은 양과 시간에 비하
면 큰 변화가 없었다.

나의 책 읽기는 집 근처에 도서관이 생기면서 시작되었다. 아이
들 손을 잡고 그곳에서 하루 종일 지내기도 했다. 도서관은 기본적

인 것은 다 있어 하루를 보내도 지루하지 않았다. 가을에는 아름답게 물들어가는 낙엽을 보기도 하고, 햇살 더운 한여름에는 살랑살랑 부는 바람이 더할 나위 없는 주말 나들이의 행복을 준다. 싱그런 나뭇잎 사이로의 햇살은 그야말로 한순간이지만 나의 일상을 설렘으로 다가가게 해주었다. 그렇게 나는 도서관이랑 친해지며 책을 접했다.

책 읽기는 이제는 습관이 된 듯 심심하고 지루할 틈이 없다. 처음에는 소설류와 문학작품을 읽었다. 책을 읽지 않았으면 워렌 버핏, 피터 드러커, 보도 새퍼, 브라이언 트레이시, 빅터플랭크, 멕스웰 몰츠, 율리시스, 다치바나 다카시, 류비세프 등의 존재를 몰랐을 것이다. 책을 통해 이들을 알게 되면서 희망, 긍정, 배움, 삶의 의미를 깨달았다.

매일 똑같은 일상이지만 의식이 깨어있고 싶어 틈새독서라도 하려고 노력했다. 나에게 책 읽기는 소일거리요, 즐거움이요, 격려와 위로이면서 하루하루 살아갈 수 있도록 버티게 해주는 힘이었다. 나의 삶에는 늘 책과 함께하여 고단한 삶이였지만 순간순간 행복하기도 했다.

책 읽기를 하던 어느 날, 어느 단체에서 주관하는 독서지도사 강좌가 눈에 띄어 즐겁게 과정을 마치기도 했다. 그로 인해 나는 책 고르는 법과 어떤 책을 읽어야 되는지를 조금은 알게 되었다. 책을 구입할 것인지 빌려 읽을 것인지 대한 나름의 판단력도 생겼다. 어지 간하며 빌려보지 않고 거의 구입하여 읽는다. 그래야 밑줄치고 동그라미로 체크하여 내 생각도 적어보며 나만의 책으로 만들기 때문이다.

나는 남편의 건강이 좋지 않아 병원 생활을 많이 하는 편이다. 언젠가 남편이 장기간 입원 중일 때 그곳에 간호사 선생님들이 하루는 나에게 "현재 상황이 이러함에도 불구하고 늘 밝은 표정으로 지내는 것이 궁금해요!" 하면서 씩씩하게 지내니 지켜보는 자기들도 편하게 보호자를 대할 수 있다며 격려를 해주었다. 어떻게 지금 상황을 견딜 수 있느냐고 하면서 말이다. 투덜대지 않고 속은 상하지만 불평대지 않으려고 했는데 간호사님들이 긍정적으로 보아 주었다는 것이 큰 소득이었다. 현실은 근심 가득하지만 나 자신의 모습은 여유와 밝음을 보여주고 싶다. 마흔이 넘으면 자기 얼굴 표정은 자신이 관리해야 한다고 누구 탓도 하지 말라고 한다. 현실을 헤쳐 나가는 것이 쉽지는 않지만 나는 어떤 상황에서든 틈나는 대로 책을 읽어서 힘을 받고 싶다. 책 속으로 들어가 현실을 잊고 싶기도 했다. 책 읽는 습관이 이미 있었기 때문에 포기하지 않고 책으로 긍정을 구할 수 있었다.

책의 장르도 시간과 자신의 관점에 따라 바뀌는 듯하다. 나는 현재 자기계발서를 즐겨 읽는다. 나의 밋밋한 삶을 좀 더 의욕 충만하고 현실을 극복하기 위해서는 고군분투하며 성공한 사람들의 이야기가 더 필요하다고 생각했기 때문이다. 성공한 사람들의 성공 스토리를 읽게 치열하고 뜨겁게 살고 싶은 욕망이 생기고, 나도 할 수 있다는 자신감을 갖고 일상생활 속에서 변하려고 조금이나마 실천하려는 동기부여를 받는다.

북코치 권윤구는 자기계발서를 읽는 이유에 대해 다음과 같이 말한다.

"신간이든 고전이든 자기계발서를 꾸준히 읽어야 하는 이유는 수시로 동기가 저하되는 나 자신을 다시 추스르기 위함이다. 나는 여전히 가치 있는 사람이라는 격려도 받고, 다시 실패하지 않기 위해서 무엇이 필요한지에 대한 조언도 얻을 수 있기 때문이다."

내가 책을 읽는 이유를 잘 표현해주고 있다. 격려도 받고 다시 추스르기 위해서 책을 읽는다. 그리고 희망을 얻는다. 꿈꾸기를 멈추지 않게 해주고 책을 통해 자극과 영감을 받는다. 부정적 마음으로 내려갈 때 긍정적인 마음으로 끌어 올려주고 일상에 안주하지 말고 도전하라고 일깨워 준다. 현실의 삶이 내 뜻대로 이루어지지 않을 때 위로와 격려와 다시금 살아 갈 힘을 책을 통해 얻었음을 인정한다. 앞으로도 책을 통해 높은 인생, 큰 인생, 넓은 인생, 대단한 인생을 살아가려고 힘쓸 것이다. 읽기만 할 것이 아니라 사색을 통하여 내면의 힘도 기를 것이다. 그동안의 독서로 권수는 제법 되는 듯하지만 사색이 적어 나의 인생이 늘 그대로인 것 같다.

그저 책을 읽는 것을 좋아했고, 책을 읽다 보면 누구나 자신을 뛰어 넘어설 수 있다고 해서 책을 계속 읽었다. 책 읽기마저 놓으면 나는 평범 이하의 인생을 살 것만 같았다. 하지만 계속 책 읽기를 시도하는데도 생각보다 변하지 않았다는 것을 느꼈다. 책 읽는 데도 방법이 있다는 것을 다시 깨닫게 되었다. 나는 그동안 취미 독서를 해왔음을 알게 되었다. 한 권을 가지고 일주일이 넘게 읽기도 하고 틈나는 대로 읽다보니 앞에 읽었던 내용이 생각이 안 날 때도 있었다. 그러다 보니 읽던 책은 옆으로 제쳐놓게 되고, 또 다른 책을 읽게 되는 경우가 많았다. 한 권을 온전히 읽었다는 뿌듯한 마음이 들지 않았다. 책 읽기의 방식을 바꿔야겠다는 생각이 들었다.

책 읽기는 우리 일상의 밥 먹기와 닮았다고 했다. 아침 먹고 나면 점심, 저녁을 먹듯이 책 읽기도 그와 비슷하다고 한다. 한 끼 먹는 것을 반복하여 에너지 받고 살아가듯이, 한 권을 읽고 시간이 지나 잊혀 지거나 의미가 사라질 때, 또 한 권의 책으로 마음의 양식을 채워 살아갈 수 있는 힘을 얻게 된다고 한다.

나는 책 읽기를 제대로 하고 있는지 점검하고 싶어 독서법에 관한 책들을 구해 읽어 보고 싶어졌다. 그렇게 책 읽기로 인생의 변화를 추구하던 중 임원화 작가의 블로그를 통해 〈한책협〉이라는 공간을 알게 되었고, 그곳에서 진행하는 독서법들이 눈에 들어왔다. 크게 달라지지 않는 나의 독서법을 점검도 받고, 새로운 동기부여도 받을 겸 하나하나 챙겨 듣게 되었다. 들으면 들을수록 크게 울림이 와 닿는 시간들이었다. 그동안 오랜 시간 책 읽기를 하였지만 크게 변하지 않는 원인은 읽자마자 덮어버리고, 다른 책 읽는 것에 급급했음을 배웠다. 읽기를 반복하여도 변함이 없음에 회의적이었는데, 독서법 강의를 통해 책을 읽고 어떻게 임계점에 도달하는지도 깨달았다.

책으로 꿈을 디자인하고, 하나의 키워드를 정하여 독서하는 방법도 배웠다. 몰입독서와 생존독서로 새로운 책 읽기를 시도할 수 있었다. 눈에 보이지 않는다고 가치가 없어지는 것이 아님을 알았다.

이제는 집중 독서 몰입독서로 내 안의 의식을 바꿔야만 할 때이다. 잘못된 방법으로 책을 읽으면 나를 변화시키기 어렵다. 살아 있는 책 읽기로 더욱 의미 있는 내 인생의 주인공으로 성장하고 싶다. 책 한 권 한 권을 치열하게 읽어가며 의식이 바뀌고 달라진 내 인생을 다시 한 번 만나고 싶다.

새롭게 익힌 독서법으로 변화되는 삶을 살게 될 것이다. 변화된 독서법으로 터득한 것들을 주변에도 알려주고, 특별한 상황과 꿈에 맞는 책을 추천하고 같이 읽으면서 문제 해결을 함께 해나가는 사람이 되고 싶다. 책을 사랑하고 책과 더불어 인생을 설계하도록 선한 영향력을 미치는 북코치가 되고 싶다.

앞으로 나는 책 읽기로 삶의 변화를 이끌어 내고자 한다. 책은 나를 계속 나아가게 북돋아준다. 몰입할 수 있다면 긍정적인 정서를 이끌어 낼 수 있고, 또 다른 새로운 결론을 만들 수 있는 힘을 키워 줄 것이다. 겉으로 보이는 사실뿐만 아니라 그 안에 숨겨진 깊은 뜻까지 아우르며, 내가 지니고 있는 경험과 배경지식을 더해 새롭게 사고하게 만들 계획이다.

책 속에는 모든 답이 있다고 한다. 나는 책을 읽을 때가 가장 행복하다. 나는 앞으로도 길어진 인생을 따라 책 읽기로 최선의 나를 찾기로 했다.

17

포기하지 않고 항상 꿈꾸는 사람 되기

심리상담가, 자기계발작가, 부모교육가
심리적으로 불안한 아동청소년상담과 멘토를 통해 자신감을 갖게 하고, 부모교육을 통해 문제의
핵심을 풀어나가면서 가족의 소통과 행복을 위해 일하고 있다. 현재 부모교육을 위한 프로젝트를
준비하고 있다.
• E-mail_ park_102@naver.com

나는 어릴 때 가난하게 자랐다. 6·25 전쟁으로 아버지는 7년 동
안 군대에 계셨고, 가족을 돌볼 수 없는 상황이었다. 한밤중 비행기
폭격으로 마을 전체가 불에 타고 할머니와 두살 배기 오빠를 업은
어머니는 몸만 간신히 피해 산속에 동굴을 파고 살았다고 한다. 공
습이 끝나고 다 타버린 집터에 움막을 짓고, 폐허 속에서 할머니와
어머니가 두부 장사를 하면서 비지로 연명하며 돈을 아끼고 모아 몇
년 후에 집을 지으셨다고 들었다.

아버지와 어머니는 4남 2녀를 두었다. 나는 다섯째, 둘째 딸이
다. 아버지는 어릴 때 인쇄소에 다니면서 배움의 중요성을 알게 되
었고, 자식들이 배워야 한다는 신념이 강하신 분이라 자식을 가르치

는 것에 온 힘을 다하셨다. 그런 부모님의 기대에 맞춰 오빠들은 공부를 잘했고, 없는 살림에 자식 뒷바라지하느라 먹을 것도 부족하고 생활이 항상 궁핍했다.

오빠들이 도시에서 대학을 다닐 때는 온 가족이 뒷바라지에 힘을 모았다. 오빠들도 과외하고 장학금도 받아가며 힘겨운 학창시절을 보냈다. 힘겨운 삶이었지만 부지런한 어머니 덕분에 그나마 겨울에는 고구마라도 실컷 먹을 수 있어서 좋았던 생각이 난다. 극도로 절약하며 살았기에 부모님도 형제들도 먹고, 입고, 쓰는 것은 형편이 없었다. 어릴 때 신었던 검정고무신은 사계절 내내 2년 정도를 신어도 떨어지지 않았다. 고무신이 닳아서 얇아지는 경우는 있어도 쉽게 떨어지지 않아서 친구들의 예쁜 신이 부러워 냇가에 가서 고무신을 돌에다 계속 문지르고 있었던 기억이 난다.

나는 어릴 때 꿈이 많은 아이였다. 특히, 교수가 되고 싶었다. 그 꿈은 언제나 나를 성장하게 하는 원동력이 되었다. 그러나 나는 중학교를 졸업하고 고등학교에 진학하지 못했다. 오빠들이 대학을 다니는 동안 온 가족이 뒷바라지에 힘을 모으느라 어머니와 함께 남의 집 고추도 심고, 다듬고, 인삼 껍질 벗기는 일을 해서 오빠들 생활비로 보냈다. 공부도 잘했는데 왜 나만 진학하지 못하는지 화도 났지만 집안 형편을 잘 알았기 때문에 어머니를 도왔다.

어머니는 고등학교에 들어가지 말고 미용기술을 배우라고 하셨다. 나는 내 꿈이 있었기에 진학을 포기할 수 없었다. 수원에서 고등학교를 다녔고, 졸업 후 대학을 들어가려 했으나 형편이 어려워 갈수가 없었다. 오빠들은 결혼을 하여 가정을 이루고 있었고, 아버지는 정년퇴임을 하셨다. 가족회의 끝에 대학 진학을 포기하라는 말에 3일 동안 텃밭에서 옥상에서 울면서 괴로워했다. 여기서 포기할 것인지 생각했다.

고민 끝에 직장에 다니기 시작했다. 돈을 모아서 대학에 진학할 작정으로 최소 생활비를 남기고 저축했다. 인생은 계획대로만 되지 않는다. 지인의 소개로 결혼을 하게 되었다. 옷 만드는 공장 일을 하면서 돈이 없어 고생하고 원하는 대학도 가지 못했던 생각이 나서 밤을 새며 일을 했다. 그래도 남편과 함께 일하며, 일한 만큼 돈을 벌 수 있어 행복했다.

나의 아들과 딸은 일본에서 대학을 다녔다. 아들은 대학 졸업 후 일찍 결혼해 아이들도 셋이나 두었고, 직장에 다닌다. 딸도 대학을 졸업하고 직장에 다닌다. 아이들이 어릴 때는 자식이 잘되어야 한다는 마음에 내 꿈은 잠시 유보했었다. 그러나 더는 내 꿈을 미룰 수가 없어 남편의 만류에도 불구하고 큰아이가 대학 입학 때 나도 대학에 들어가게 되었다.

공부를 시작한 지 만 10년. '좀 더 일찍 공부를 했더라면 내 자녀를 더 잘 양육하지 않았을까?', '공부하는 엄마의 모습이 어떠했을까?' 하는 생각도 들었다. 그러나 다행히 엄마가 공부하느라 챙겨주지 못해 미안하고 고마운 마음을 아는지 아이들은 엄마가 공부하는 것이 자랑스러웠다고 한다.

항상 꽃피는 길은 없다. 열심히 일하는 동안 건강에 이상이 생겼다. 30년 넘게 옷 만드는 일을 하면서 가슴이 아프고 답답했다. 그때마다 병원에선 이상이 없다고 했다. 그러나 몸은 여기저기 아프고, 겨울에도 창문을 열어야 숨을 쉴 수가 있었다. 그동안 수술도 여러 번 하고 몸이 약해서 그런 줄 알았다. 몇 년 전, 세 달 동안 계속된 기침으로 동네 개인병원에서 감기약을 처방해줘서 계속 먹고 있었다. 그런데 갈수록 더 심해지고 숨을 쉴 수가 없었다. 나중에 알고 보니 호흡기 알레르기가 일반 환자보다 3배가 높게 나왔다. 옻나무의 옻도 안 타는 체질인데 깜짝 놀랐다. 이렇게 높게 나올 때까지 몰랐냐고 알레르기로 죽을 수도 있다고 의사 선생님은 화를 내셨다.

호흡기 알레르기는 천 먼지와 곰팡이, 진드기, 미세 먼지가 원인이라고 한다. 30년 넘게 옷을 만들면서 일을 하고 나면 몸이 아파서 누워있는 날이 많았던 생각이 났다. 감기인 줄 알고 항생제를 그동안 얼마나 먹었는지를 생각하니 아찔했다. 그 후, 몇 개월을 치료를 받아 회복되었으나 옷 만드는 것은 천 먼지 때문에 그만두었다. 경제적인 면을 생각하면 아쉽지만 건강을 위해서 공장을 정리하기로 하였다.

현재 나는 꿈을 향해 서서히 다가가고 있다. 꿈을 이룬다는 것은 자신이 얼마나 꿈에 대한 간절함이 있느냐에 달렸다. 내가 어쩔 수 없는 상황에서 선택을 할 때마다 고민했다. 무엇이 우선이고 무엇이 더 나은 결정인지 그 선택의 끝에는 항상 나의 꿈이 있었다. 때로는 쫓기듯 살아야 했고, 여러 사람들에게 조언도 받아야 했다. 내 앞에 주어진 기회가 없다면 스스로 찾아야 한다.

　나는 일을 하면서 공부를 했기 때문에 깊이 공부하지 못한 것이 스스로에게 부족하다 여겼고, 가정학 전공 대학원으로 진학해서 더 공부를 했다. 다문화가족지원센터에서 부모, 자녀, 가족생활지도사로 일을 하면서 정신없이 달려왔다. 현재는 상담 심리학대학원에서 공부하면서 아이들과 성인상담을 겸하고 있다. 일하면서 공부하는 삶은 하루하루 시간이 모자라고, 잠도 부족하고 틈틈이 옷도 만들어야 하고, 센터 일도 해야 하고, 공부도 해야 하기 때문에 친구와 만나서 여가시간을 가질 수도, 마음의 여유도 없었다.

　그러나 나에겐 남들이 없는 것이 하나 있다. 바로 긍정적인 정서다. 마틴 셀리그만의 《긍정심리학》을 보면 긍정 정서는 사고와 행동을 확장하고 행복이 증가하면서 효과가 상승한다고 하였다. 또한 긍정 정서는 미래를 낙관적으로 보고, 자신감을 가져 어려움을 쉽게 벗어나게 해 주는 역할을 하고, 주위의 환경에서 부정 정서를 줄여주어 역경을 극복할 수 있도록 회복력을 키울 수 있다고 한다. 심리학을 공부하며 깨달은 긍정 정서는 어려움을 어렵게 생각하지 않고,

최선을 다해서 좋게 생각하고 행동하려는 마음이다.

어릴 때부터 나는 좋은 소리, 좋은 곳, 좋은 생각만 하고자 노력을 했다. 집 주위에 안 좋은 냄새가 나고, 보기 흉한 쓰레기 더미가 있으면 그것을 안 보려고 빙빙 돌아서 집에 오기도 했다. 좋은 생각을 위해서 음악을 많이 들었던 것으로 기억이 난다. 또한 어려운 상황에서도 좋게 생각을 하려고 노력한다. 어른이 되어서도 가급적이면 내 자신을 좋은 쪽으로 말하고 행동을 하면서 좋게 해석하고, 이러한 사고가 나를 성장하게 하고 내 꿈에 대한 변함이 없는 믿음과 수용으로 이어져 왔다.

좋은 인연은 서로에게 시너지를 낳는다. 《마흔, 당신의 책을 써라》의 김태광 저자도 긍정 정서로 주위를 밝게 만들어주는 역할을 한다. 긍정 정서로 어려움을 회복시키고, 자신의 힘을 발휘할 수 있도록 지지하고 격려한다. 나도 내 삶의 발자취가 나처럼 힘겹고 어려웠던 이들의 삶에 실낱같은 희망이라도 되길 바라며 이 글을 쓴다.

나는 어떤 상황에서도 꿈을 포기하지 않고 도전했다. 주어진 삶에 따라 어머니 말을 듣고 미용사가 되었다면 내 꿈은 이루어지지 않았을 것이다. 어머니의 말에 순종하던 내가 다른 선택을 한 것도 내 꿈을 포기하지 않았기 때문이고, 결혼 후에도 꿈을 접지 않고 아이들과 함께 꿈을 꾸었기에 지금의 삶을 살 수 있었다. 주변에서 힘들게 애쓰지 말라 만류해도 나는 계속 나아갔다. 나이가 걸림돌이 되어 내려놓아야 하는 부분도 있지만, 꿈의 모양이 조금 달라진다 하여도 나는 계속 도전할 것이다. 무엇이 되어 있을지 나도 궁금하다. 지금도 마음이 아픈 사람들을 만나 따뜻하고 치유가 일어나는 상담사로 나아가고 있다. 앞으로도 현실에 쫓겨 꿈을 포기하기보다, 계속해서 꿈을 꾸고 그 꿈에 가까워지는 삶을 살고자 한다.

18

'한국 수퍼스탭7' 우승하여
전국적으로 강연하기

— 전아영

치과위생사, 병·의원 교육강사, 의료마케터, 동기부여가
치과위생사로 병·의원에서 근무하면서 교육하고 소통하는 것에 행복함을 느껴 강사 및 강연가의
삶도 즐기고 있다. '한국 수퍼스탭7' 우승을 시작으로 대한민국에서 병원컨설턴트 1인자로 전국
강연을 꿈꾸며 현재 병원 매출에 관련된 개인저서를 준비 중이다.
• E-mail_ jay0516@hanmail.net

인정받는 치과위생사로 근무했던 어느 날, '한국 수퍼스탭7'이라
는 강연대회를 알게 되었다. 한국 수퍼스탭은 메디벤처스(구 닥프렌
즈) 주관으로 병·의원에 종사하는 직원들이 병원의 성장에 대해 강
연을 하는 대회이다. 나는 작년에 한국 수퍼스탭7의 청강자로 참석
을 했었다. 병원 관계자에게 병원 성장에 대한 다양한 이야기를 들
으면서, '아, 저런 방법도 병원 성장에 기여하는구나! 나도 내가 병
원에서 잘하고 있는 이야기로 내년에 출전해볼까?' 하는 생각을 했
었다.

1년 후 어느 여름날, 2015년 11월 8일 '제 3회 한국 수퍼스탭7'의
강연대회가 개최된다는 공개시안이 발표되었다. 병원 업무와 아카

데미 강사의 업무 및 대학원 입학을 준비하면서 정말 분주한 일상을 보내는 시기에 개최 공고가 발표되었던 것이다. '내가 잘 할 수 있을까?'라는 생각에 얼마 기간 동안 머뭇거렸지만, '난 할 수 있다!'는 생각으로 마음을 다잡고, 강연 대회 참가 신청서를 보냈다.

치과위생사로 근무하면서 병원의 전반적인 데스크 업무를 담당하는데 고객관리에 대해 많은 부분도 담당하며 근무하고 있다. '내가 병원에서 잘하는 일이 무엇일까?'라는 고민을 하다 지금 내가 하고 있는 일이 문득 생각났다. 치과에 내원한 고객을 편안하게 배려하면서 말벗이 되어드리는 일을 지금까지 잘해왔다는 생각이 들었다. 이렇게 '한국 수퍼스탭7'의 강연 주제를 정할 수 있게 되었다.

'쉼터에서 피어나는 꽃'이라는 큰 제목에 '일터는 내 인생의 성장학교'라는 부제를 만들었다. 쉼터라는 곳은 고객이 치과에서 단지 치료만 받는 곳이 아닌 사랑이 피어나는 공간이라는 생각이 들었다. 그리고 나에게 치과라는 곳은 그러한 사랑이 피어나도록 노력하는 배움터가 되어주는 곳이다.

병원의 성장과 실제 고객을 배려해드리기 위해 실천했던 일들은 많지만, 그중에서 정말 잘 실천하고 있고 내가 잘 할 수 있는 일의 세 가지 사례를 강연을 통해 전달하고자 마음먹었다. '치과에서 마취 후 정확한 대기시간의 파악을 위한 타이머 시계 이용과 치과공포증을 낮춰주기 위한 대기실에서의 휴식, 고객과 차 한 잔의 시간으로 마음의 대화 나누기, 농아고객에게 반가운 인사와 소통을 위해 수화하기'가 내가 실천하고 있는 고객을 배려해드리고 있는 간략한 내용이었다.

그중에서도 내가 가장 신경을 쓰고 있는 부분은 고객과 함께하는 차 한 잔의 시간이다. 일반적으로 병원에서는 치료계획 및 비용에 대한 상담을 하거나, 진료 후 주의사항을 설명할 때 고객과 가장 많은 대화의 시간을 갖는다. 이러한 부분은 당연하면서도 형식적인 대화라는 생각이 들었다. 그러나 나는 이러한 형식적인 대화는 변해야 한다고 생각했다.

전국에는 치과뿐만 아니라 다양한 병원이 너무 많은 곳에 위치하고 있다. 내가 근무하고 있는 치과도 한 건물에 3개의 치과가 위치하고 있는 곳 중 하나이다. 의료를 제공할 수 있는 기관이 많아지면서 고객을 진료를 받을 수 있는 선택의 폭이 넓어졌다.

그러나 시대가 빠르게 변화되면서 고객들이 원하는 서비스는 단지 치료만이 아니라는 생각이 들었다. 병원에서 근무를 하면서 매일 하루에 한 번 이상 내원한 고객에게 차 한 잔을 직접 준비해드려야겠다는 생각을 했고, 그 생각을 실천하고 있다.

진료시간을 기다리거나 진료 후 잠깐의 휴식을 갖는 그 짧은 찰나의 시간에 나만의 고객만족을 실천했던 것이다. "안녕하세요. ○○○님, 차 한 잔 준비해드릴까요?"라는 대화의 시작으로 나의 꿈은 시작되었다. 차 한 잔을 직접 준비해주면서 고객의 곁에 앉아서 어느새 대화를 하고 있는 나의 모습을 발견하게 되었다.

고객의 살아가는 이야기, 가족 이야기, 즐거웠고 힘들었던 이야기 등을 들어주고 공감해주면서, 진료 외적인 부분에서 고객의 마음을 힐링되도록 도왔고, 사랑을 심어줄 수 있었다. 이렇게 고객과 마음의 대화를 하면서 쉼터가 되어드리는 것이 내가 고객에게 잘할 수 있는 차별화 된 고객만족의 실천이었다. 그리고 나도 이런 고객만족의 실천을 통해 또 다른 경험을 얻었고, 직장에서 내가 한 단계 더 성장할 수 있었다고 생각한다.

'한국 수퍼스탭7' 강연대회는 전국의 7명의 의료기관 종사자들이 본선 진출자로 선정되었다. 물론 나도 어렵고 치열했던 예심을 거쳐서 당당하게 본선 진출자로 선택되었다. 여러 번의 리허설과 피드백을 받으면서 강연 대회 날을 준비했었다.

'한국 수퍼스탭7'강연 대회 당일은 정말 오전부터 분주했다. 본선진출자 7명이 모두 리허설을 진행 후, 오후에 드디어 축제의 장이 개최되었다. 나는 두 번째 순서로 강연을 진행하게 되었다. 나에게 주어진 시간은 15분, 그 시간 안에 내가 준비했던 모든 것을 200명이 넘는 청중과 함께 느끼고 공감해야 했다.

무대에 올라가기 전에는 머리가 멍해지면서 긴장하여 손에 땀이 흥건해짐을 느낄 수 있었다. 그러나 무대에 올라가면서 조명의 스포

트라이트를 받으면서 나의 긴장감은 언제 그랬냐는 듯이 금세 사라졌다.

청중이 함께 참여하는 부분도 반응이 좋았었고, 내가 준비했던 세 가지 이야기를 청중에게 들려주고 함께 공감하면서 나의 강연은 끝이 났다. 모든 강연자의 강연이 끝나고, 이번 대회의 대상을 발표하는 시간이 찾아왔다. 지금 생각해보면 그때 왜 그렇게 가슴이 뛰고 긴장을 했었는지 모르겠다. 대상은 아니었지만 청중과 심사위원의 좋은 반응으로 '제 3회 한국 수퍼스탭7'의 4등 상을 받을 수 있었다. 전국에 종사하는 병원관계자 중에서 4등이라는 상을 수여받았다는 사실만으로도 '내가 지금까지 잘 해왔구나'라는 생각이 들었다.

'한국 수퍼스탭7'의 강연 대회를 개최했던 메디벤처스 신철호 대표님이 강연이 끝나고 이런 말을 해주셨다. "이 자리는 대상을 위한 자리가 아니며, 우승의 순위가 중요한 것이 아닙니다. '한국 수퍼스탭7'을 준비하면서 치열한 예심을 거치고, 힘들었던 준비과정을 통해서 본선에서 청중에게 자신이 준비했던 모든 것을 보여주었던 7명 모두가 최종 우승자입니다!"라고 말이다. 이 말을 들으며 내 모습과 내 꿈에 대해 다시 한 번 생각해 볼 수 있었다. '그래, 나도 한국 수퍼스탭7의 우승자야! 난 그럴 자격이 충분해!'라고 생각하면서 나에게 스스로 동기부여를 할 수 있었다.

나는 누군가에게 내가 알고 있는 것을 들려주고, 전달해주는 일을 좋아했기 때문에 치과위생사로 근무하면서 강사라는 일도 같이 할 수 있었다. 지금은 주입식 교육이 아닌 내가 경험하고 알고 있는 것들을 누군가와 공감하고 서로 소통하는 강연가로 활동하는 것이 나의 또 다른 꿈이다. 그 꿈의 시작이 지금 내가 치과에서 고객을 응대하고 대화하면서 나는 고객에게 쉼터가 되어드리는 것이라고 생각한다.

누군가의 마음속에 따뜻한 마음과 행복이 담겨있는 사랑의 씨앗을 심어준다는 것은 참 의미 있는 일이고, 내가 더 행복해지는 일이다. "좋은 사람은 전염 된다."라는 말이 있다. 나는 요즘 이 말을 자주 생각하고, 어떤 일을 시작할 때 좀 더 자주 떠올리게 된다. 사람은 좋고 싫음이 분명한 사람이 있는 반면에, 좋고 싫음을 선택하지 못하는 사람도 있다. 그러나 좋아하는 사람은 누군가의 머리와 마음속에 분명히 기억된다.

나는 '한국 수퍼스탭7'의 강연을 시작으로 전국 각지에서 내가 경험하고 느껴왔던 이야기를 많은 사람들과 공감하고 소통하고자 한다. 그래서 많은 사람들의 머리와 마음속에 나의 존재가 좋은 사람으로 기억되고, 따뜻한 기억이 담긴 이야기를 또 다른 누군가에게 전염시키는 존재가 되고 싶다. 다양한 곳에서 강연을 하면서 나의 이야기로 함께 소통하는 강연가의 꿈을 언젠가 이루어서 희망이라는 꽃을 피우고, 성공이라는 열매도 맺을 것이다.

앞으로 내가 소망하는 그 꿈을 위해 차근차근 하나씩 준비하고 행동하면서 꿈을 향해 전진하는 인생을 즐겨보려고 한다. 그리고 진정한 꿈을 위한 거침없는 나의 도전에 파이팅을 외치고, 내 자신에게 더 큰 용기를 주기 위한 따뜻한 박수를 보낸다.

19-27

한채명 박효은 김선영 김유진
황진선 임경원 심현주 김현아 나영채

되고 싶고
하고 싶고
갖고 싶은
37가지

19

인생 설계 상담가 되기

희망 디자이너, 감정코칭, 고민상담가, 작가
현재 동사무소에서 근무하고 있으며 문화센타에서도 아이들에게 한자를 가르치고 있다. 앞으로
아이들을 위한 고전동화 책을 펴내고 희망을 전하는 강연가가 되고 싶다.
• E-mail_ small7550@naver.com

모든 사람들은 꿈을 가지고 산다. 그러나 그 어떤 어려운 환경의
장애물에 의하여 쉽게 좌절하고 포기하게 된다. 나에게도 앞에 놓인
많은 어려움들로 삶을 놓아버리고 싶을 때가 한두 번이 아니었다.

특히, 나는 몸이 불편하고 성격도 예민하고, 내성적이며 다른 사
람의 이목구비에 신경을 쓰며 마음의 벽도 많았다. 그런 성격 탓에
공부를 하거나 친구를 사귀고 연애를 할 때나 취업을 준비하는 과정
에서도 어느 하나 쉬운 게 없었으며 숨이 막힐 정도로 힘든 시간을
보냈다. 장애와 몸이 허약하다는 이유만으로 초등학생 때 학교폭력
을 당하기도 했고, 그 후로도 친구들이 안겨 준 상처와 아픔, 그리고
오랫동안 사귀었던 남자친구의 배신과 상처, 이 모든 슬픔을 어느

누구에게도 터놓을 수가 없었다. 취업 준비 중에 사기도 당한 경험도 있었고, 세 번의 전공을 바꾸면서 많은 도전을 하였지만 그 과정은 순탄치 않았다.

그때마다 홀로 밤을 지새우며 우는 날이 많았고, 살고 싶지 않다는 마음도 들어 나쁜 생각도 한 적이 있었다. 평범하게 살고 싶었던 나의 꿈은 산산이 부서지고 우울증도 심각하여 고생한 적도 있었지만 지금은 마음이 긍정적인 마인드로 변하여 밝은 모습을 되찾았다.

물론 옆에서 묵묵히 지켜준 부모님께 가장 죄송스런 마음이 크지만 가족 안에서도 인정받지 못하고 있다는 의식에 사로잡혀 있었기 때문에 열등감을 느끼며 온전히 속하지 못했다.

이러한 경험을 토대로 아무 계획 없이 살기보다는 인생 설계에 대한 준비가 절실히 필요하다는 점을 느꼈다. 첫 번째 실천으로 구체적으로 인상이 깊은 연도를 적고 그때 무슨 일이 있었는지, 과거의 흔적에서 내가 어떤 모습으로 살아왔고 무엇을 이루고 무엇을 이루지 못하였는지를 살펴보았다. 과거의 흔적을 구체적으로 쓰고 반성하며 생각하는 것이야말로 미래를 더욱 더 긍정적으로 살 수 있기 때문이다. 그 결과, 앞으로 어떤 일을 하고 이루고 싶은지를 큰 지도를 그려볼 수 있게 되었다.

성공을 향해 달려가는 것은 그 사람이 겪은 고난뿐만 아니라, 성공한 사람들이 고난을 대하는 태도와 그에 합당한 노력이다. 그들은 자신에게 일어난 모든 일을 기꺼이 받아들이고, 그것을 오히려 성공의 밑거름으로 삼는다. 다른 사람에게 호소하고 연민을 불러일으키려고 하는 대신 고난 속에서도 그 안에 숨겨져 있는 의미와 경험을 배우고자 하였고, 이를 통해 내적 자산으로 생각한다는 것이다. 이들은 고난을 자신의 노예로 만든 경우이며 삶의 고통이 놓아둔 올무에 얽매이지 않는 자들이야말로 승리자인 셈이다.

과거의 나를 점검한 후에는 미래의 나의 모습을 그려보면서 구체적으로 계획을 세울 필요가 있다. 대표적으로 원하는 목표와 버킷리스트를 먼저 작성하다 보면 자신이 이루고 싶은 목표에 기한을 정하여 동기를 부여할 수 있고 꿈을 이룰 수 있는 확실한 계기가 될 수 있다.

나는 지금도 지나 온 과거들은 일기에 적으며 정리하고 반성한다. 오래전부터 이루고 싶은 목표를 차례대로 일과 직업, 업무, 대인관계와 가정, 여러 가족 행사와 재정, 질병과 건강, 신앙과 봉사, 자기계발 등을 적어보며 정리하니 하나씩 이루어진 경험을 하기도 하였다. 이루지 못한 목표도 시간이 지나 피드백을 하여 이루지 못한 이유와 방법을 찾아보니 여러 형편을 고려하고 사람들과 함께 어울리며 끝까지 할 수 있는 힘만 있다면 할 수 있다는 것을 깨달을 수 있었다. 하지만 처음부터 잘할 수는 없는 일이다. 많은 훈련을 통하여 조금씩 차츰차츰 변해가는 자신을 볼 수 있다. 홀로 스스로 하지 못한다면 주위에 마음이 통하는 친한 사람과 함께 모여 의논하고 교류하는 것도 서로의 성장을 위해서 좋은 방법이라고 깨달았다.

《성공하고 싶을 때 일하기 싫을 때 읽는 책》에서 보면 스물네 살의 평범한 미국인 존슨은 500달러의 자금으로 작은 출판사를 차렸다고 한다. 자신의 출판사 이름으로 창간한 첫 번째 잡지는 〈니그로 다이제스트(Negro Digest)〉였다. 발행량을 늘리기 위해 그는 잡지 지면에 '내가 만일 흑인이라면'이라는 제목의 코너를 신설하여 백인들이 흑인의 입장에서 문제를 바라보는 내용으로 칼럼을 기고하도록 했다. 존슨의 생각에는 루스벨트 대통령의 아내인 엘레노어 영부인이 칼럼을 기고해준다면 최고의 시나리오가 될 것 같았다. 그래서 영부인에게 바로 편지를 썼다. 영부인은 너무 바빠서 칼럼을 쓸 시간이 없다고 답장을 보내왔다. 한 달 후, 존슨은 영부인에게 또 한통의 편지를 부쳤다. 이번에도 바쁘다는 답장만 되돌아올 뿐이었다.
그는 그 후 매달 한 번씩 편지를 보냈다. 어느 날, 존슨은 신문에서 엘레노어 여사가 시카고에서 연설을 한다는 내용의 기사를 우연히 발견했다. 이 기회를 놓칠 리 없는 그는 그녀에게 전보를 쳐서 시카고를 방문했을 때 〈니그로 다이제스트〉에 기고를 해줄 의향이 있는지를 물었다. 마침내 존슨의 끈기와 인내심에 감동한 엘레노어 여사는 결국 칼럼을 써서 보내왔다. 영부인의 칼럼이 실리면서 〈니그로 다이제스트〉의 발행량은 한 달 만에 5만 부에서 15만 부로 껑충 뛰었다. 이 일을 계기로 흑인 출판업계의 선두주자로 거듭난 존슨은 훗날 자신의 출판사를 미국 최고 기업의 반열에 올려놓았다.

이와 같이 끝까지 포기하지 않고 물고 늘어지는 사람만이 힘든 인생길에서 이길 수 있는 것이다. 어떤 일을 하든지 처음부터 끝까지 초심을 유지하고 최선을 다해야 하며 힘들다고 중도하차하지 않아야 한다. 왜냐하면 포기하면 성공의 문은 영원히 열리지 않는다. 난관에 부딪혀 좌절감이 밀려올 때마다 '마지막까지 최선을 다하자!'고 자신을 다독인다면 인생 설계를 하고 삶을 살아갈 때 멈추는 일은 일어나지 않을 것이다.

나의 어둡고 메마른 인생의 길목에서 긍정적으로 살아갈 수 있도록 힘을 실어 준 건 바로 독서였다. 힘들 때마다 나 자신을 인내하고 돌아보며 봉사도 하면서 시간을 보냈지만 책이 나에게 준 기쁨은 어느 것과도 비교할 수 없는 순간을 맛보게 했다. 처음부터 책을 즐겨 읽은 것은 아니었지만 훈련을 통해 점점 가까이하게 되면서 그 즐거움을 알게 되었다. 독서를 통하여 '어떻게 하면 자신감을 가지고 더 나은 환경에서 행복하게 살아갈 수 있을까?' 하는 의문점들과 인생의 계획들을 세우게 되면서 나 자신의 존재감을 되찾는 계기가 되었다.

어려움을 이겨 낸 시간의 고통만큼 더 값진 가치는 세상에 없다.

그러나 주위에서 여전히 방황하며 지내고 있는 많은 청춘들을 보면 안타깝고, 힘들었던 과거의 나의 모습들을 다시금 떠올리게 한다.

시련을 이겨낸 나의 값진 경험과 노하우를 통해 그들에게 희망과 꿈을 심어주는 인생 설계 상담가가 되고자 한다. 그들의 앞으로의 인생을 응원하고, 희망찬 미래로 이끌어주는 안내자가 되어주고 싶다.

20

1시간 30분만 더
솔리튜드(Solitude)로 살기

— 박효은

공학 석사, 연구원, 작가
실업계 출신의 여고생이 꿈을 찾아가는 과정에서 참된 공부의 의미를 깨달았다. 현재 공기업 연구원으로 국책과제 연구에 참여 중이며, 〈대한건축학회〉 우수논문발표상을 3년 연속 수상하는 쾌거를 이루었다. 꿈과 연구로 사회의 창조와 혁신에 기여하기 위하여 공학 논문과 자기계발 저서를 동시 집필 중이다.
• E-mail_ archieunart@naver.com

"선생님은 말씀하셨다. 출발선은 누구에게나 똑같다고."

인터넷에 떠도는 사진 한 장의 문구가 꽤나 인상적이었다. 얼핏 봐도 힘들게 대학 공부를 마치고도 부양할 부모를 모셔야 하는 모습과 좋은 차를 타고 성공한 부모 아래 트랙을 쉽게 완주 가능한 두 모습이 출발선에 나란히 그려져 있었다. 요즘 논란인 금수저, 흙수저의 계급론처럼 양극의 상황이 현 시대를 시사했다.

'둘 중에 나는 어디에 가까울까?'

생각해보니 대학과 대학원을 다닐 때 부모님께서 생활비를 보태주셨기 때문에 졸업장과 동시에 등록금이라는 빚을 가졌다. 대학, 취업, 대학원, 취업을 반복하면서 휴학하지 않고 조기 취업으로 공백 없이 열심히 달려온 세월 속에 6개월의 백수시절이 있었다. 아빠가 큰 수술을 하시게 되면서 부모님 가게를 돕고, 일하는 엄마를 대신해 아빠를 간호하던 시절이다.

대학 졸업 후, 2년 경력을 채우고 공부를 시작하겠다는 계획은 실패했지만 꺾을 수 없는 것은 가족이라는 존재였다. 오로지 가족을 위해 보냈던 6개월은 살면서 가장 잘한 선택이었다. 나만 생각했다면 간호는 간병인을 쓰면 되는 것이고, 가게는 아르바이트생을 쓰면 그만이다. 그럼에도 나는 건강한 아빠가 필요했기에 모든 상황은 스스로가 감당해야 할 몫이었다.

사진 속 이야기대로라면 '인생의 경주에서 진정 승자가 될 수 없는 것인가?'라고 자문했지만 답은 1초도 걸리지 않았다. 'No'라는 것이다. 녹록하지 않은 환경에서도 꿈을 향해 정직하게 걷고 있기 때문이다.

한상복 저자의 《지금 외롭다면 잘되고 있는 것이다》에서는 성공한 부모 밑에서 자란 팔자 좋은 사람은 외로움을 호소하는 특징이 있다고 한다. 남들의 평가에 예민하여 자존감이 낮으며 보여주기 식의 외형적인 삶을 사는 경우가 다반사다. 이들에게는 '자기 기준의 결여'가 결핍 요소로 작용한다. 좋은 팔자마저 공짜는 아닌 것이다.

나는 일란성 쌍둥이로 태어났다. 태어나자마자 건강한 언니와 달리 나는 인큐베이터에 있다가 퇴원했다. 그래서인지 부모님은 천성이 약한 아이라고 생각했다. 공부에 관해 자유롭고, 오로지 건강하게 크는 것이 중요하다고 늘 이야기하셨다.

한 번도 공부를 열심히 해본 적이 없었다. 초등학생 때는 꿈이 뮤지컬배우, 중학생 때는 음악가, 고등학생 때는 디자이너였다. 참 일관성 없는 꿈이 그 시절의 나를 닮아 있었다. 그렇게 실업계, 디자인학사, 인테리어디자이너, 공학석사, 연구원이라는 나만의 길이 만들어졌다.

20대가 되기까지 부모님께서 키워주셨다면, 27살 인생에서 7년만 주관대로 살아온 셈이다. 하고 싶은 것을 선택하며 살아온 것이 남들과 차별된 큰 강점이 되었다. 시간 나이 계산으로 비유하면 80세 기준으로 20살은 하루 중 새벽 6시다. 6시가 오기까지 어떤 환경이 조성되었던 간에 인생을 준비하는 미성년기에 불과하다. 주변과 비교하여 한없이 작아지는 것이 억울하다면, 나쁜 꿈을 꾸었다고 생각하고 미래를 준비하는 편이 나을지도 모른다.

27살은 겨우 아침 8시 6분밖에 지나지 않는다. 인생을 무엇으로 살 것인지, 어떻게 살 것인지 진지하게 고민해도 될 충분한 나이이다. 대학을 나와 평생 안정된 직장에만 매달리거나, 부모의 기대에 한 번도 벗어나지 못하거나, 시도는 못하고 제자리에서 꿈만 꾸는 친구들이 많다. 현실이 고여 꿈이 썩는다는 사실을 망각한다.

가장 큰 문제는 좌충우돌해도 괜찮을 나이임에도 반복되는 일상을 마치 운명으로 받아들이며 산다는 것이다. 인생은 팔자에 상관없이 노력의 결과로 만들어진다는 사실을 명심해야 한다. 한 번이라도 간절히 원했던 것을 시도해본 적이 있는지 내면의 나와 마주할 필요가 있다.

다행히도 나는 하고 싶은 것을 선택하여 좋은 성과로 이끌었다. 대학을 졸업할 때 상위권으로 졸업했다. 대학원에서 석·박사 가운데 성적은 1등이었고, 〈대한건축학회〉의 우수논문발표상을 연속 3회 수상하는 기록을 세웠다. 남들과의 경쟁이 아닌, 마음이 이끄는 대로 인생을 설계한 결과는 놀랍게도 보상으로 다가왔다. 현재 공기업 연구원으로 일하고 있지만 가슴을 두근거리게 만드는 새로운 꿈을 가지고 있다.

진정한 부를 이루는 것이다. 흔히 생각하는 '부'는 물질적인 것이다. 대부분 사람들은 부를 위해 수많은 현실과 타협한다. 소중한 것이 무엇인지 알면서도 놓치는 오류를 범한다. 그러나 엠제이 드마코는 부의 3요소를 가족(Family), 신체(Fitness), 자유(Freedom)라고 말한다. 부 때문에 가장 소중한 것에 지지 않는 것이 진정한 부라고 말한다.

연구원에서 박사 공부를 준비 중이지만 주변에서 우려의 목소리가 끊이지 않는다.

"저축은 하고 있니?", "교수가 되려고?", "또 공부한다고?", "여자는 결혼하면 끝이야." 등 이런 조언들은 현 시대에 간과할 수 없는 사실인 것은 잘 알고 있다. 일반적으로 공부를 하게 되면 돈과 시간을 투자해야 하는 인식이 강하다. 사실과 다르게 진행하는 연구에 따라 수입이 직장인 이상이라는 강점이 있다. 하고 싶은 공부로 돈을 버는 나만의 무기를 갖추는 시간이 될 것이다. 시간적으로나 물질적으로나 직장인보다 훨씬 자유로운 1인 기업인 셈이다.

"끊임없이 무언가를 시도하는 것이 힘들지 않냐?"는 사람들의 진부한 물음은 나를 욕심 많은 사람으로 치부한다는 뜻이기도 하다. 그러나 단번에 완벽한 인생을 만들 수 없다는 것이 삶의 진리임을 잘 알고 있기에 오늘도 나는 정도를 걷는다.

하버드 교수는 외로움의 두 갈래 길을 이렇게 말했다.

"혼자 있는 '고통'을 표현하는 말은 론리니스(loneliness)이고, 혼자 있는 '즐거움'을 표현하는 말은 솔리튜드(solitude)이다."

끊임없이 배우다 보니 남들에 비해 시간이 없는 것은 당연했다. 주변에서 연애 걱정을 하기도 한다. 나 또한 언제까지 앞만 보고 달려가야 할지 늘 고민한다. 1시간 30분만 더 외로움을 즐기는 솔리튜드(solitude)로 살겠다고 다짐한다.

1시간 30분 후는 아침 9시 36분밖에 되지 않는다. 지나온 시간에 치열하게 달려가는 와중에도 가족이라는 존재는 늘 우선이었다. 이제는 막내딸이 아닌 아내로 가정을 꿈꿔야 하는 시기이다. 수많은 꿈을 떠벌리고 다녔지만 원하는 모든 것 뒤에 가장 명확한 꿈은 좋은 아내이자 엄마이다.

32살, 9시 36분에 학위를 마무리해도 여전히 해가 뜨는 시간이다. 세상에서 제일 약하게 태어난 내가 더 강해지는 시간이다. 공부라고는 몰랐던 내가 학자가 되고, 꿈을 담은 베스트셀러 작가가 되는 시간이다. 논문은 학문에 책은 세상에 이로운 영향력을 펼치게 된다. 학자와 작가로 살면서 진정한 자유를 보상받아 좋은 아내와 엄마가 되는 나를 떠올린다. 그 시간을 위해 인생이라는 멋진 연극의 주인공으로 더 깊이 있는 현인이 되기를 바란다. 부의 보물 상자를 마음에 담고 오늘부터 충실히 살아갈 것이다.

21

작가와 1인 기업가로 인정받기

— 김선영

컴퓨터공학도, 이혈요법 전문가, 1인 기업가, 자기계발 작가
컴퓨터공학을 전공하고 6년 넘게 피아노 강사로 활동했다. 그러다 대체의학 이혈학을 이수하고, 이혈요법으로 다양한 사람들에게 건강회복에 도움을 주고 있다. 1인 기업가로 개인저서를 준비하고 있으며, 모든 사람들의 건강을 위해 오늘도 전진하고 있다.

나는 내가 가고자 하는 길을 날마다 꿈꿔왔다. 글을 써서 많은 사람들이 나를 기억해주기를 원했다. 최고의 나로 성장하여 많은 사람들에게 인정받고 사랑받으며 살고 싶다.

지금의 난 결혼을 해서 한 남자의 아내이고, 20개월 된 딸아이의 엄마다. 어른들 말로는 결혼을 하면 좋은 점도 있지만 가정을 이루는 여자로서 이름의 존재성은 병원이나 은행에서나 들을 수 있다고 했다. 결혼하고 2개월 만에 임신을 하고, 아이를 출산하면서 아직은 부담스러운 엄마, 어머님으로 불렸다. 어색한 호칭에 적응을 못 했지만, 엄마라는 이름은 아무에게나 불리지 않는다는 생각과 동시에 예쁜 아이를 보면 그 마음이 금방 사라지곤 했다.

하루를 보내고 또 늦은 밤 시간이 되면 꼭 흘러가는 시간 앞에 푸념만 늘어진다. 20개월 된 엄마로서 지금의 호칭은 사랑이 엄마, 어머니다. 줄어가는 나의 개인적인 시간 앞에 점점 내 자신을 잃어가는 것만 같은 기분이 들 때가 종종 있다. 하지만 쓸쓸할 때 남편이 불러주는 "사랑하는 영아.", "사랑하는 선영아."라는 표현에는 엄마가 아닌 나의 인격체인 이름을 사랑이라는 단어와 함께 불러줘서 남편에게 항상 감사한다. 사랑이란 글자 앞에 더 사랑스러운 내가 되려면 이젠 뭔가 해야 할 때라는 생각이 든다.

남자는 한 가정을 이루기 위해 밖에서 늦은 시간까지 일을 하며 고된 하루를 보낸다지만 웬만한 가정주부들은 아이들을 키우기가 바빠 자기생활은 언제나 1순위도 2순위도 아닌 3순위가 된다. 어쩌면 고된 하루에 지쳐 인생순위에도 없을 수 있다. 하지만 나는 이젠 변화가 있어야 하고, 변해야 한다는 생각이 강렬해졌다. 인생순위가 아닌 나만의 특별한 삶을 살아가고자 글을 쓰기 시작했고, 최고의 작가가 됨과 동시에 1인 기업가로 인정받으며 본받는 주부이자 남편의 아내, 한 아이의 엄마로 다시금 일어서고 싶다.

나는 일반 4년제 대학에서 컴퓨터 공학을 나는 전공하고, 졸업 후에 나는 전공에 어울리지 않는 일을 했다. 나의 어릴 적 꿈은 소중한 피아니스트였다. 한 곡을 연주하기 위해 밤새도록 그 곡을 완전히 외우기도 했다. 피아노를 너무 사랑했고, 항상 보물 1호였다.

보수적인 가족들에겐 피아니스트의 꿈은 그저 사치일 뿐, 피아노가 나의 인생을 활기차게 한다는 걸 몰랐다. 1남 2녀의 장녀로 태어나 부모님이 원하는 대학에 들어가기를 바라셨지만, 나는 공부보다는 피아노가 좋았고, 수능에서 부모님 기대에 훨씬 적은 점수가 나왔다. 재수는 너무나도 싫었고, 낙심하고 있을 때에 학교 선생님의 권유로 생각지도 못했던 공학의 길로 들어서게 됐다.

그땐 컴퓨터공학이 인기였고, 졸업하는 동시에 취업은 걱정 없었기 때문이었다. 하지만 나는 대학 4년 내내 음대에 진학하고 싶은 마음이었기에 컴퓨터는 이미 나에겐 친하게 지낼 수 없는 소유물에 불과했다. 학교 다니면서 수업시간 내 컴퓨터를 피아노 삼아 건반으로 활용했고, 음대에서 피아노 치는 상상만 줄곧 했었다. 그래서 부모님 몰래 편입시험을 보려고도 했다. 아무것도 모른 채 그저 2학년까지만 수업을 듣고, 원하는 곳에 원서를 내서 시험을 치면 편입이 가능하다고 생각했다.

2학년까지 수업을 듣고 원서를 내려 했는데 결국 편입원서를 내지 못했다. 컴퓨터공학이 너무 싫었지만 수업은 빠지지 않아 출석률은 항상 좋았다. 수업 시간 내내 시간 가는 줄 모르고 다른 상상을 했었기 때문이다. 덕분에 학점 관리에 소홀했고, 친구 말만 듣고 교양 영어과목을 신청했다가 과감히 2학점을 날려버렸다.

오로지 편입이 하고 싶다는 생각만 했던 나는 그저 친구말만 듣고, 편입할 때 필요한 기본적인 학점관리도 잊어버린 채 1학점이 부족한 바람에 고대하던 편입을 그해 하지 못했다. 학점 관리가 중요하다는 걸 그때야 알았다. 신입생 때 교수님들마다 학점제에 대해 말씀하셨던 걸 귀담아 들었다면 실수도 안 했고, 누구의 말도 들을 필요가 없었던 것을 뒤늦게 후회했다. 그때 편입을 했다면 지금 이 자리에 있지 않을 수도 있다. 그러나 그때 편입하지 못했던 게 훗날 그 친구에게 감사하다고 전할 수 있기를 기대해본다.

　

　그렇게 4년을 겨우 보내고 졸업한 뒤 이내 속상한 마음에 전단지를 보고 피아노 학원에서 간단한 피아노연주 테스트를 하고, 피아노 학원 선생님으로 일을 했다. 초·중·고등학생과 일반인 다양한 사람들로 모인 피아노 학원이었다. 피아노에 대한 열정으로 음대엔 가지 못했으나 피아노를 배우고 싶어 하는 열정적인 사람들을 피아노 선생님으로 가르칠 수 있는 뿌듯한 마음으로 잘하리라 믿었다.

　하지만 그것도 잠시, 음대생이 아닌 공대 출신은 나밖에 없었다. 음대생 못지않은 실력은 있었으나 음대생이 아니라는 이유에 스스로 위축되고 말았다. 괜히 혼자서 자격지심으로 눈치가 보였고, 결국 천국길인 줄 알았던 그곳에서 6개월 만에 나오고 말았다. 그 후 컴퓨터공학 출신이라고 이곳저곳에서 지인들의 소개로 취직자리는 들어왔지만 나에겐 크나큰 산이었다. 다른 사람들은 들어가고 싶어도 못 들어가서 안달인데 너는 좋은 길이 있어도 화내면서 왜 싫다고만 하느냐고 부모님께서는 이해를 못 하셨다. 하지만 난 컴퓨터에 아는 것이 전혀 없었다. 그냥 무늬만 흉내 냈을 뿐이었다.

4년 동안 시간이 가기만을 기다렸고, 졸업 작품도 선배가 대신 해줬기에 무사히 졸업도 했으니 내가 사랑하는 피아노를 다시 해야 겠다는 생각을 했다. 음대생이라는 타이틀이 없는 곳, 집에서 개인 소그룹 과외를 초등학생 위주로 했다. 하루 중 반 이상을 아이들과 함께 피아노를 칠 수 있어서 좋았고, 가르칠 수 있어서 좋았다. 음대 생이 아니었어도 누군가에게 내가 가지고 있는 재능과 소질을 내가 터득한 방법대로 일깨워주고, 그것을 받아들이는 아이들의 모습을 볼 때 성취감이 들었다.

그렇게 약 5년 동안 내가 좋아하는 일을 했지만 시간이 흐를수록 자괴감에 빠져들었다. 전공자도 아닌 데다가 지금 내가 하고 있는 일이 훗날 후회되는 일이 될까봐 갑자기 아무것도 하기 싫어졌다. 결국 내가 가야할 길은 소그룹 피아노 레슨도 아니었던 것이다. 차 라리 음대를 갔다면 나는 피아노 전공자로서의 삶을 살며 행복하고 즐겁지 않았을까 싶다.

그 길이 아니라는 걸 알았을 때쯤 지금의 남편을 만나 결혼을 했 고, 20개월 된 딸아이의 엄마가 됐다. 남편과 교제 기간 동안 대화 를 많이 했다. 물론 지금도 친구처럼 대화의 시간이 길다. 남편과 처음 만나면서 우린 일주일에 한두 통의 편지를 항상 썼다. 편지는 남녀가 싸울 때 큰 힘이 되기도 했다. 결혼에 이르기까지 줄곧 남편에게 동화 작가가 되고 싶다고 했다. 그 말을 새겨들은 남편은 결혼 전부터 동화 작가에 관한 책들로만 나에게 선물을 했고 지금까지 나에게 1순위 선물은 여러 장르의 책이다. 하지만 책을 읽으면서 쓰는 연습을 하지 않았기 때문에 글쓰는 것에는 언제나 엄두가 나지 않았다. 마음으로는 열심히 순수한 아이들만의 책을 써서 책 읽는 재미로 아이들의 세상에서 살고 싶었던 것으로 소망만 간절했다.

그러던 어느 날 평상시 내가 줄곧 하는 말을 기억해 두는 남편이 〈한책협〉이라는 인터넷 카페를 알게 되었다. 《하루 10분 독서의 힘》의 저자 임원화 작가의 책을 읽었는데, 그 책에서 '한책협 100권 읽기 플랜'을 보고 〈한책협〉을 찾아 인터넷 카페에 남편이 먼저 가입을 했던 것이다. 임원화 작가의 책을 읽으면서 〈한책협〉 김태광 총수님의 200여 권의 저서 중 3권을 읽게 됐다.

그중 가장 처음 읽게 된 책이 《마흔, 당신의 책을 써라》였다. 인생 2막을 준비하는 책 쓰기 교과서 책 읽기에 앞서 제2의 인생을 열어가고자 하는 나에게 의미심장한 말이었다. 저서에는 '퍼스널 브랜딩'이란 말이 나온다. 자신의 이름으로 된 저서를 쓴다는 의미였다. 책 쓰기를 통해 행복한 인생 2막을 준비하면 지금보다 훨씬 놀라울 정도로 변화를 줄 수 있다고 했다. 너무나 가슴 벅찬 일이었다. 그래서 난 지금 당장 글을 쓰기 위해 노력 중이다. 내 스스로가 내면의 나를 키워야 하고 노력을 해야 한다. 그래서 글 쓰는 능력은 선천적이기보다 후천적인 노력에 의해 길러진다고 김태광 총수님이 말했다.

　개인적인 브랜드로 나를 알리기 위한 책 쓰기를 게을리 하지말자! 최고의 작가 당당한 1인 기업가로 제2의 인생을 시작하자!

　어느 분야에서든 성공한 사람은 만 시간의 연습을 했다고 한다. 누구나 열심히 하면 성공할 수 있다는 자신감을 심어준다. 나도 열심히 작가로서의 자질과 능력과 한 분야의 전문가로서 1인 기업가로 당당하게 세상에 나오고 싶다.

22

힐링마을 원장 되기

― 김유진

학습코칭지도사, 기치료사, 뇌호흡 교사, 동화세상에듀코 사내 센터링 강사
"매 순간 즐기며 사랑하며 지금을 산다."를 삶의 모토로 삼고, 현재 회원 코칭을 통해 아이들의 꿈과 목표에 대한 동기부여를 하고 있다. 사내에서 모든 사원들이 센터링이 될 수 있도록 전국을 돌며 강의를 하고 있다. 현재 '화를 지혜롭게 푸는 방법과 아이들 인성'에 관한 내용으로 책을 집필 중에 있으며, 교육 칼럼으로 〈숙제로 평가되는 아이〉가 있다.
• E—mail_ tbo1215@naver.com
• Blog_ http://blog.naver.com/tbo1215

내가 어떠한 이름과 직책으로 불린다는 것은 참 중요한 일이다. 어떻게 불리느냐에 따라 행동과 생각이 바뀐다는 것을 대학교 3학년 때, 갑작스레 이름을 바꾸면서 알게 되었다. 우리 가족은 항상 아침 식사 때 주로 대화를 하곤 했는데 갑자기 엄마가 "김원 할래? 김항 할래?"라고 물어보셨다. 무슨 이야기인가 들어보니 일이 잘 안 풀리는 것 같아서 주역 공부하신 분에게 가서 이름을 받아오신 거였다.

왠지 김항보다는 김원이 나을 것 같다고 말씀드리고 바꾸어 부르기 시작하다 보니, 나를 부르는 이름에 따라 언제부터 알고 지냈는지 인간관계가 구분되었다. 그리고 신기하게도 이름을 바꿔 부르기 시작하면서 전보다 씩씩해지고 도전적으로 새로운 일도 배워보고, 머리 삭발도 해보고 그야말로 '오춘기'같이 굴었다. 오히려 엄마는 이름을 잘못 바꾼 것 같다며 후회를 하셨고, 나의 역마살은 일본에서 제주도 그리고 다시 서울 찍고 강원도로 학습코치 일을 하면서 서서히 잡혀갔다.

그때 아이들을 코칭하면서 자기계발서를 매일 한두 권씩 읽게 되었는데, 이지성의 《꿈꾸는 다락방》을 보고 나도 구체적인 꿈이 있어야겠다는 생각을 했고, 드디어는 '힐링마을 원장'이라는 단어를 만들어냈다. 2008년 그즈음에 텔레비전에서 프로그램을 보았는데, 문제 아이들을 자신의 아이들과 함께 홈스쿨링하며 키우는 어느 사회복지사 이야기가 나와서 인상이 남았었다. 과연 '나도 저 상황이면 저렇게 동등하게 아이들을 대우할 수 있을까?'란 생각도 했고, 함께 더불어서 살아야겠다는 생각도 어렴풋이 했었다.

그리고 아이들을 가르치면서 함께 봉사활동 갔던 곳에서 눈이 안보이는 5살가량의 여자아이를 만나면서 꿈이 구체화된 것 같다. 처음에는 경계심도 많고 만지지도 못하게 하던 아이가 자꾸 안아주고 스킨십해주니까 나중에는 나에게서 떨어지지 않으려고 꼭 붙어 있었다. 봉사활동이 끝나고 나오려고 인사했더니, "서랍에 손 올려줘."라고 하며 자신이 놀던 그 자리에 데려다 달라고 하고는 고개도 안 돌리고 있는 모습에서 몰래 눈물을 훔치기도 했다.

돌아 나오면서 나중에 기회가 되고 내가 여력이 된다면 장애 아이들이나 버려진 아이들을 위해 봉사활동을 하며 같이 살고 싶다는 생각을 했었다. 다른 봉사활동을 갔을 때에도 거긴 부모님이 사정에 의해 못 키워서 맡겨둔 아이들이었는데, 아무리 좋은 옷을 지원받고, 매 끼니마다 먹는 간식이 주어져 있어도 아이들 표정은 밝지 않고 오히려 무미건조했었다. 가장 중요한 것은 가정이라는 울타리라는 걸 그 아이들을 통해 느낄 수가 있었다.

중1 때까지 충남 도고온천 시골에서 농장을 하면서 지냈다. 산 하나가 양계장이고, 돼지와 소, 오리, 개는 100마리 넘게 키웠었다. 학교에서 아이들이 우리 양계장으로 견학을 올 정도였다. 놀이문화는 산에서 뛰어놀고 숨바꼭질하거나 시내에서 가재잡고, 개장을 돌아다니기였다. 그러다 보니 생각도, 행동도 자유로우면서 상상력도 풍부한 아이로 자랄 수 있었다.

술 취한 아빠가 어느 날은 서류봉투가 가득 든 걸 눈앞에 보여주시면서 "이게 다 우리 땅이니까 평생 걱정 없이 잘 살 수 있어!"라고 하셨다. 김장을 하면 동네 사람 다 불러서 몇 백 포기를 해서 친척들을 나눠주고, 동네잔치를 할 지경이었다. 남부러울 것 없이 남들은 없는 컬러 텔레비전과 침대가 있어서 동네 아이들이 매일 와서 방방이처럼 뛰어 놀아 밤마다 고치기 일쑤였다.

먹고 싶은 것, 하고 싶은 것에 대해서는 아쉬움 없이 지내다가 아빠의 사업실패와 주변 지인들에게 서준 보증 빚까지 생겨, 중학교 이후에 도시로 나와 살았는데, 그때 성격이 내성적이고 조용하게 바뀌었다. 고등학교 때는 심지어 친구들이 벙어리인 줄 알 정도로 성격이 폐쇄적인 아이였고 있는 듯 없는 듯했다. 혼자 앉아서 두꺼운 뿔테를 쓰고, 긴 머리를 늘어뜨려 얼굴을 반 가린 채 누군가에게 늘 열심히 편지를 썼었다. 그런 모습을 보고 괜히 노는 애들이 꼴 보기 싫다며 우유를 가방에 넣어놓고, 씹던 껌을 서랍에 넣어 책들을 엉망으로 만들어 놓기도 했었다. 신기한 건 그런 괴롭힘에도 전혀 동요되지 않았고, 늘 집으로 돌아가고 싶은 생각뿐이었다.

엄마와 통화할 때는 공중전화기를 붙들고 얼마나 울었는지 모른다. 매주 집으로 오는 기차를 타길 손꼽아 기다리고, 일요일 저녁 엄마가 싸 준 음식을 바리바리 싸들고 오르락내리락하기를 3년. 너무 외로움을 많이 타서 선생님들이 말동무도 해주시고, 같은 동네 사시는 선생님은 가끔 간식도 사다 주시기도 하셨다. 학교 식당에서 엄마의 부탁으로 아침을 먹으면서 '식당 아줌마 딸'이란 소문도 났었다. 전교에서 하숙하는 아이는 유일하게 나뿐이었다. 가장 힘든 고등학교 때 부모님이 이혼을 하시고, 가족들도 뿔뿔이 흩어져 살아가다 보니, 그때 나에게 '집'이라는 개념은 어린 시절에 뛰어놀던 그 집이 유일했다.

이름을 바꾸면서 삶의 돌파구를 찾은 느낌이 들었다. 좀 더 늦기 전에 도전해보고, 하고 싶은 것을 맘껏 하면서 살아야겠다는 생각도 그때 했었고, '매순간 즐기며 사랑하며 지금을 살자!'라는 삶의 모토를 정하고서 후회 없이 살려고 최선을 다했다. 하지만 현재 성인이 되어서도 어린 시절에 대한 향수는 늘 자리했었다. 힘들거나 할수록 더더욱 그리웠다.

달이 뜰 때까지 들로 산으로 뛰어놀던 기억이 아직도 있어서 나중에 나이가 들면 꼭 다시금 시골에 가서 살고 싶다는 생각을 하게 되었는데, 이러한 여러 생각들이 모여서 '힐링마을'이 만들어진 것이다.

나의 힐링마을은 우선 무한대 모양의 마을이다. 장애우나 고아인 아이들을 우울증 환자들과 함께 돌볼 수 있는 힐링센터가 있고, 유기견들이나 유기묘들을 돌보는 시설을 한쪽에 만들고, 다른 한쪽은 일반사람들이 와서 쉬고 배울 수 있는 다채로운 문화시설과 승마와 낚시를 할 수 있도록 만들 계획이다. 그리고 글쓰는 사람들이나 명상 또는 그림 그리는 예술가들의 쉼터도 만들고 싶다.

현재 가르치는 아이들을 보면 너무 꿈이 없다. 무미건조하게 살아가고 있거나 아니면 미디어 매체에 너무 길들여져 있어서 오히려 나의 꿈에 대해 이야기를 하면 의아해한다. 어떻게 그렇게 확신할 수 있냐며 어른들보다 아이들이 더 부정적이다. 우리 아이들에게 원하는 것을 이룰 수 있다는 걸 보여주고 싶다. 또한 나의 꿈에서 그 아이들의 꿈이 또한 실현될 수 있도록 적극적으로 도와주고자 한다. 공예나 손재주가 많은 아이가 있는데 단순히 돈벌이가 안 돼서 꿈으로 못 키우는 아이도 있다. 난 그 아이를 힐링마을에 취직시켜서 자기가 하고 싶은 꿈을 맘껏 펼치게 하고 싶다. 낙서처럼 만화를 그리길 좋아하는 아이도 있고, 각자 다양한 재주들을 갖고 있는데, 요즘 현실에서는 아무짝에도 쓸모없는 꿈처럼 느껴진다. 그 모든 꿈들을 모아 제대로 된 꿈터로 만들어 주고 싶다.

나의 꿈을 듣고 대부분의 첫 반응은 "정말 꿈이군요!"라고 하는 사람들이 대부분이지만, 나는 반드시 꿈을 이룰 수 있다는 확신이 든다. 현재의 아이들을 가르치는 회사에서는 입사 때부터 나를 '힐링마을 원장'으로 소개하고, 현재 팀 이름도 '힐링마을'이기 때문에 자연스럽게 나의 꿈에 대해 긍정적으로 반응해주시는 분들이 많아지고 있다.

나만의 꿈이 아닌 누구나에게 '고향'이라는 그리움의 공간, 맘 편히 쉬는 공간이 필요한 건 당연한 욕구인데, 생각만 할 뿐 현실에 부딪쳐 쉽게 꿈꾸지 못하는 현실이다. 그래서 나는 더욱 간절히 내가 아는 모든 사람들이 와서 쉬고 힐링하며 재충전할 수 있는 공간을 만들고 싶다.

우리는 나이를 먹고 있는 것이 아니라 여무는 중이다. 그래서 나는 반드시 40살에는 힐링마을에서 분주하게 돌아다니며 나의 손길이 필요한 사람들을 돌보고, 행복해하는 사람들을 보고 웃음 지을 수 있는 여유로운 나의 모습을 희망한다. 매일 부딪치고, 깨지고, 원치 않은 환경 속에 있지만 그럼에도 불구하고 곯아떨어져 자다가도 누군가 나를 깨워서 "너 뭐하고 싶어?"라고 묻는다면 난 여전히 "힐링마을 원장이요!"라고 대답할 것이다.

23

셀프 Fun 경영 멘토 되기

회사원, 동기부여가, 자기계발 작가
중국학을 전공하고 수출입 경력 8년 차쯤 되었을 때 현재에 안주하지 않기 위해 아르바이트를
시작했다. 두 가지 일을 3년 넘게 병행 할 수 있었던 것은 즐거움 때문이라는 것을 깨닫고, 어떻게
나를 즐겁게 해야 하는지 연구하며 실천하고 있다. 사람들에게 미소와 즐기는 힘을 전파하는
메신저가 되기를 꿈꾼다.
• E-mail_ whatawonderfullife@naver.com

대학을 졸업하고, 한 직장에서 오랜 시간 동안 동안 수출입 업무를 배우고 책임지고 인정받으며 열심히 달려왔다. 8년 차쯤 되었을 때, 매일 만나는 사람도 같고, 하는 일도 같다 보니 모든 것이 익숙해지고 편안해면서 조금씩 일상에 재미를 잃어갔다.

어떤 날은 열정적으로 일하던 시간들이 그립기도 했으나, 나는 점점 현실에 안주하기 시작했고, 그런 내 모습을 보면서 점점 괴로움을 느꼈다. 그러던 어느 날, 도저히 이대로는 안 되겠다는 생각이 들어 새로운 일을 해보기로 마음먹었다. 다시 열정적이고 즐겁게 무언가를 간절히 하고 싶었기 때문이었다. 그래서 무엇을 할까 이곳저곳 인터넷을 뒤지기 시작했다.

당시 다니던 회사에서 나는 거의 창업 멤버이기도 했고, 회사에 애착을 갖고 있었기 때문에 이직을 고려하지는 않았었다. 그래서 '새로운 것을 배워볼까, 주말 아르바이트를 해볼까?' 생각하다가 우연히 들어간 아르바이트 사이트에서 한 구인 광고가 나를 사로잡았다. 외국인 사장님이 운영하는 이태원 소재 레스토랑겸 펍인데, 영어를 할 줄 아는 웨이트리스를 구하는 중이었다. '이태원이면 외국인 손님도 많을 테니 외국에 가지 않고도 영어를 사용하고, 다양한 사람들을 만날 수 있겠다'라는 생각이 드니 가슴이 마구 뛰었다.

당장 이력서를 제출하고 면접을 보고, 얼마 후에 주말 아르바이트를 시작하게 되었다. 아르바이트 첫날에는 손님들도 거의 외국인에 친절한 스태프들과 유쾌한 사장님들 덕분에 즐겁게 일했다. 그런데 둘째 날, 대형 사고를 치고야 말았다. 의사소통이 잘못되어, 음식이 늦게 나와 손님이 잔뜩 화가 나서 항의를 한 것이다. 사장님들은 괜찮다고 했지만 나는 그 손님들의 화난 모습이 자꾸 떠올라 의기소침해져 자신감도 잃고, 또 실수할까 두려워서 되도록 손님들과는 주문 받는 것 외에는 말하지 않으려 했다. 그런데 그렇게 일을 하니 재미가 없었다. 그러면서 '내가 이곳에 온 이유는 새로운 사람들을 만나고, 교류하고 즐거움을 찾기 위해서인데 이러면 안 되지'라는 생각이 들었다.

내가 이곳에 온 이유를 다시 한번 되새기며 다시 용기를 내어 손님들에게 다가가기 시작했다. 그 전보다 더 크고 밝게 인사하고, 웃고, 먼저 다가가 얘기도 나누다 보니 다시 일이 즐거워지기 시작했다.

신기한 것은 나의 본래의 일에서도 다시 활력을 얻기 시작했다는 것이다. 주말에 충전된 즐거움의 긍정 에너지가 주중까지 이어져 좋은 시너지로 바뀌었다. 주변에서는 일주일 내내 일하면 힘들지도 않냐고 했지만 내 마음이 즐거운 덕분에 몸은 비록 조금 힘들어도 정신만은 아주 쌩쌩했다.

그렇게 투잡을 하며 지내던 어느 날, 집에 너무 마음 아프고 힘든 일이 생겼다. 그 일로 심적으로 많은 스트레스를 받았고, 갑자기 툭 눈물을 쏟아내는 날들도 많았다. 그런데 이상하게 주말에 바쁘게 서빙 아르바이트를 할 때만큼은 그런 스트레스와 감정들이 사그라졌다. 주말에는 손님이 많아서 너무 바빴기 때문에 그런 감정들이 들어올 틈이 없었다. 우울한 감정이 지속될 때는 몸을 움직이는 일을 하면 좋다는 얘기를 들었었는데, 정말 맞는 말이다. 바쁘게 움직이며 서빙하고 사람들과 대화할 때만큼은 나는 정말 즐겁고 신이 났다.

그래서 '아르바이트 할 때만큼은 모든 것을 잊고, 즐거운 마음을 갖고 하자'라고 다짐했다. 내가 즐겁게 마음을 먹고 서빙을 하고 손님들을 대하자, 내 입에서 나오는 멘트부터 달라지기 시작했다. 음식에 대해 하나라도 더 설명해드리려 하고, 손님들의 특징을 잡아

칭찬을 하기 시작했으며 내가 손님이라면 받고 싶은 서비스는 어떤 것인지 생각해보고 직접 손님들에게 적용해보기도 했다. 그러다 보니, 식사를 하고 가시면서 너무 고맙고 잘 먹었다고 인사하고 가시는 분도 계셨고, 나를 안으며 다음에 또 오겠다며 단골이 되신 분도 계셨다.

그때 깨달은 것이 있다. '내가 기분 좋은 마음으로 일할 때, 나로부터 좋은 서비스가 나오고, 손님들에게도 그 마음이 전해지고 결국 좋은 성과가 나오는구나. 결국 내가 즐거워야 하고, 그러려면 내가 나를 사랑하고 즐겁게 해주어야겠구나. 그러면 어떻게 나를 사랑하고 즐겁게 해주어야 할까?'

나는 우선 거울 속의 나를 향해 미소 짓는 것부터 시작했다. 나는 종종 거울 속의 나를 보며 미소를 짓는다. 그리고 속으로 얘기해 준다. '아이 예쁘다. 웃으니까 더 예쁘네.'

예전에 TV에서 진수테리라는 여성의 'FUN 경영'에 대해 방영하는 것을 본 적이 있다. 남편을 따라 간 낯선 이국땅 미국에서 열심히 일하던 그녀는 어느 날, 직장에서 갑자기 해고 통지를 받는데, 그 이유가 재미가 없어서였다고 한다.

누구보다 열심히 했고 능력도 있는 그녀였지만 엄격하고 굳은 얼굴의 무표정으로 직원들을 대했기에 모두 그녀를 무서워했고, 결국에 일하는 데도 방해가 된다고 여겨 해고한 것이었다.

그녀는 거울로 자신의 얼굴을 다시 보았는데, 정말 타국에 와서 고생한 흔적이 남은 얼굴, 그리고 굳은 표정을 보며 자신의 문제를 깨닫고 웃기 시작했다. 처음에는 너무 어색했지만 계속 웃기 시작했고, 이내 변화가 찾아왔다. 거리감을 두던 사람들이 다가오기 시작했고, 서로 웃는 얼굴로 다시 마주하게 되었다. 그 후, 그녀는 컨설팅 대표로 FUN(Fun신나게, Unique독창적으로, Nurturing보살피라) 경영철학으로 세계 곳곳에서 강연을 하고 있다.

TV속에서 그녀가 웃을 때 나도 모르게 따라 웃고 있는 나를 발견했다. 웃음은 이렇게 전염성이 강하다. TV를 통해 본 그녀는 밝고, 에너지가 넘쳐 보였다. 웃음을 통해 마음의 여유가 생기고, 생각도 긍정적으로 변하고, 적극적으로 행동하게 된다. 그리고 그녀와 나의 공통점을 생각해봤다. 그것은 바로 어려운 순간에 변화하고자 마음 먹은 점이었다. 외부의 것은 내가 바꿀 수 없을지 몰라도 나 자신의 마음은 내가 바꿀 수 있기 때문이다.

나도 그녀처럼 유쾌하고 즐겁게 살 것이다. 뻔한 인생이 아닌 Fun한 인생! 그리고 주위 사람들도 나를 만나면 즐겁고 기분이 좋아지길 바란다. 그러기 위해서라도 나는 내 자신을 즐겁게 해주어야 한다. 내가 즐겁고 기분이 좋아야 다른 사람을 볼 수 있는 여유가 생기기 때문이다. 내가 즐겁지 않은데, 다른 사람을 즐겁게 해주려고 노력하다 보면 어느 순간 공허함을 느끼게 되고, 괜히 억울한 생각도 든다. 나의 행복이 우선이다.

'셀프 Fun 경영 멘토'가 되기 위해서는 일단 나의 마음부터 경영해야 한다. 힘든 환경 속에서도 늘 나 자신을 믿고, 미소를 잃지 않기 위해 노력하려 한다. 힘든 순간 한 번 더 웃고, 툴툴 털고 다시 일어나 걸을 것이다.

나의 몇몇 지인들은 나를 보고 말하곤 한다. "넌 정말 즐겁게 열심히 사는 것 같아. 그런 네 모습이 참 좋아 보여.", "뭐가 그렇게 즐겁니? 넌 참 잘 웃는 것 같아."

내가 이렇게 잘 웃는 사람이 되기까지 여러 일들을 겪으며 노력을 했다. 그리고 그 힘을 몸소 깨달았다. 나의 경험과 깨달음을 나눔으로써 한 사람이라도 더 미소 짓게 만들고 싶다. 자신의 내면의 밝은 빛을 깨워내고, 삶을 긍정적으로 변화시킬 수 있도록 도와주는 '셀프 Fun 경영 멘토'가 되어 이 세상에 조금이나마 이로운 사람이 되고 싶다.

며칠 전, 구본형의 《나는 이렇게 될 것이다》를 읽었는데, 나의 가슴에 쏙 들어온 한 문장이 있었다. "부디 즐기시길."이란 표현이었다. 우리 모두 각자의 삶을 '부디 즐기시길' 바란다.

24

서울과 도쿄에 작업실 있는 집 마련하기

― 임경원

도쿄 탐험가, 꿈가방 디자이너, 희망 전도사
꿈과 희망 제로, 존재의 가치도 없이 방황의 굴레를 헤맸다. 무식하면 용감하다고 '용기' 하나만 들고
무작정 도쿄행 비행기를 탔다. 도쿄에서 새로운 도전과 꿈을 만나고, 세상이 나를 포기할지라도
나를 포기하지 않는 방법과 자신을 사랑하는 법을 배워가고 있다.
• E-mail_ imkyungwon@naver.com
• Blog_ http://blog.naver.com/imkyungwon

"오늘이 내 인생의 마지막 날이라면 지금 하려고 하는 일을 정말
할 것인가?"라고 스티브 잡스가 살아 돌아와 2005년 스탠포드대 졸
업연설을 통해 남긴 명언처럼 내게 질문을 해온다면 나는 0.1초의
망설임 없이 "Yes."라고 답변할 것이다.

다시 스티브 잡스가 "진정으로 만족하는 유일한 길은 당신이 위
대한 일이라고 믿는 일을 하는 것이고, 위대한 일을 하는 유일한 길
은 당신이 사랑하는 일을 하는 것이다. 사랑하는 사람을 찾듯이 사
랑하는 일을 찾아라."라고 말한다면, 나 또한 0.01초의 망설임 없이
"Yes, 지금 이 일이 나에게 위대한 일이고 사랑하는 일입니다."라고
대답할 것이다.

2015년 10월 25일 일요일 오후 12시 45분경에 나는 새 생명을 얻었다. 다시 말해서, 내 생애 처음으로 왼손 새끼손가락이 부러지는 사고가 발생했다. 타고 가던 자전거 속도를 감속하지 않은 채 급하게 코너를 돌려다가 나뭇잎을 밟으며 순식간에 미끄러지는 사고였다. 부러진 손가락뼈가 살갗을 찢고 세상 밖으로 탈출해버렸다. 직접 내 눈으로 보고도 믿을 수 없었다.

기억을 더듬어 가까운 병원을 찾았다. 응급실 인터폰으로 나의 상태를 말했더니 일요일이라 담당의사가 없다며 119로 연락해서 큰 병원으로 가라고 알려주었다. 119구급차 대원의 응급처치를 받고 신주쿠구에 있는 국립국제의료연구센터병원 응급실에 도착했다. 일요일이라서 그런지 응급환자는 많고 의사선생님은 잘 보이지 않았다. 한참을 기다려서야 나의 치료가 시작되었다. 손에 마취를 하면 아플 테니 참으라고 말씀하시며 손가락 서너 곳에 번갈아가며 마취를 했다. 의사선생님의 말씀은 거짓말이 아니었고, 눈물 나게 아팠다.

얼마쯤 지났을까? "되돌아왔다."라고 말하는 소리가 선명하게 들려왔다. 내가 정확히 알고 있는 단어였다. 내가 자주 사용하는 말이었다. "되돌아왔다."라는 말을 듣는 순간 '왼손 새끼손가락은 살아있구나'란 생각이 들며 다시는 못 만나게 될 줄 알았던 잃어버린 손가락을 되찾은 듯한 안도감에 감사의 눈물이 흘러내렸다. 그 순간 단어 한마디가 나를 살릴 수 있다는 것을 깨달으며 감사함이 물밀 듯이 밀려왔다.

조금씩 마취가 풀리기 시작했다. 당장 아르바이트를 하지 않으면 생계유지가 곤란하다는 현실의 벽이 닥쳐왔다. 나는 자유인이 아니었다. 일터에선 밥벌이를 위해 나의 자유, 시간, 인생을 팔아서 시급을 받는 노예인생이었다.

바로 다음 날 붕대를 감은 손과 얼굴의 상처를 앞세우고 아무 일 없다는 듯이 다시 노예로서의 생활이 시작되었다. 이렇게 평생 노예로 살다가 인생을 마감한다고 생각하니 끔찍했다. 이번 사고의 생생한 기억을 통해 감사하는 삶, 내 인생의 주인으로 사는 삶, 자유인의 삶을 살고 싶다는 생각이 더욱 강해졌다.

"기억하라. 부를 정의하는 것은 자유다."라는 엠제이 드마코의 《부의 추월차선》을 2015년 2월에 읽고, 자유를 너무나 갈망했던 기억이 새록새록 떠올랐다. 이 책의 마지막은 이렇게 끝이 난다.

"여러 장애물이 있지만 그것은 그저 장애물에 불과하다. 장애물은 그저 당신을 주저앉게 만들 뿐이다. 이런 변명들은 그 누구도 부유하게 만들어 주지 않았고, 우리 모두 이런 변명을 하곤 한다. 다른 사람들처럼 생각하는 것을 그만두고 행동을 취하기 시작하라. 당신의 인생 여정을 영원히 바꿀 수 있는 결단을 지금 내려라."

그래서 지금 이 지면에 나의 글을 쓰고 있다. 11월 25일 사고가

난지 딱 한 달, 두 번째 파상풍 주사를 맞았다. 병원에서 내 차례를 기다리며 결심했다.

'오늘을 넘기지 않으리라. 반드시 26차 공동저서 과정을 신청하리라.'

2015년을 그냥 이대로 놓치고 싶지 않았다. 지금의 심정을 기록으로 남기고 싶었다. 그렇게 생각하니 〈한책협〉 공저과정이 생각이 났다. 더불어 쓰면 이루어진다는 것, 버킷리스트도 기억이 났다. 책 쓰기를 통해 평범한 사람 축에도 끼지 못하는 나 같은 루저도 비범한 사람으로 살아갈 수 있다는 희망의 증거가 되리라고 다짐했다.

"책 쓰기는 바로 지금이다."라는 말도 떠올랐다. 뿐만 아니라 책 쓰기가 인생을 구원한다는 것을 이미 책을 쓴 작가들의 삶을 보고 확신하게 되었다. 김태광의 《마흔, 당신의 책을 써라》에서는 책 쓰기 중요성에 대해 이렇게 강조한다.

"정말 책을 출간하고 싶다면 책 쓰기를 우선순위 목록의 맨 위에다 끌어올려라. 책 쓰기의 문은 선택과 집중할 때 열리게 마련이다. 책 쓰기는 평범한 사람을 비범한 사람으로 거듭나게 한다. 부모님은 나를 낳았지만 책 쓰기는 진창길 같았던 내 인생을 눈부시게 변화시켰고, 나를 구원했다. 그래서 나는 사람들에게 입버릇처럼 인생을 즐겁게 살고 싶다면 책을 쓰라고 조언한다."

이제 더 이상 나는 인간 이하의 삶을 살고 싶지 않다. 무대 밖에서 박수만 쳐주는 관객으로 남지 않겠다. 독자로서 작가를 부러워만 하지 않을 것이다. 나도 칭찬을 받고 주목을 받는 삶을 살고 싶다. 나도 책 쓰는 사람으로서 인생을 살아가기로 했다. 선한 영향력을 끼치는 메신저, 베스트셀러 작가, 동기부여가, 일본문화 탐험가, 한류 홍보대사, 꿈가방 디자이너, 꿈, 희망, 도전, 성공의 증인이 되어 지긋지긋한 가난과 작별하고 부자로서 행복하게 살아가고 싶다.

"성공해서 책을 쓰는 것이 아니라 책을 써야 성공한다!"라는 한책협 김태광 총수님의 말씀처럼 나도 책을 써서 성공하고 싶다. 《10년차 직장인, 사표 대신 책을 써라》에서 김태광 저자는 지금이 도전의 기회라며 책 쓰기 중요성에 대해 다음과 같이 말한다.

"책 쓰기는 운명을 바꾸는 자기혁명이다. 책 쓰기의 비결은 딱 하나, 선택과 집중밖에 없다. 위기가 기회라는 말이 있듯이, 현실이 답답하고 미래가 막막하게 느껴지는 지금이 '책 쓰기'에 도전할 수 있는 적기다."

감사하게도 얼굴의 상처는 딱지가 떨어져 나가면서 상처의 흔적도 사라졌다. 손가락 상처도 딱지가 조금씩 벗겨지고 있다. 하지만 붓기와 통증이 여전히 남아있다. 조금이라도 만져주지 않으면 금세 뻣뻣하게 굳어버린다. 비록 지금은 다친 손가락이 불편하고 생각대로 자유로이 움직이지 않지만, 앞으로도 영원히 나의 다섯 손가락의 한 가족으로서 나와 함께 존재한다는 것에 감사한다. 점점 나아지고 있다는 것에 다시 감사한다. 지금 이렇게 왼손 새끼손가락의 도움으로 글을 쓸 수 있게 된 것만으로도 기적이다. 새 생명, 새 생활의 깨달음을 준 왼손 새끼손가락에게 감사에 감사를 더한다.

손가락 하나가 감각이 제대로 작동하지 않으니 손가락이 감각적으로 외우고 있던 한글 키보드자리도 잊어버렸다. 손가락 하나의 위대한 힘을 몸소 체험하고 발견하고 있다. 이번 사고를 통해 나를 다시 되돌아보게 되었고, 남은 인생을 내 인생의 주인으로서 감사의 삶을 살아갈 수 있게 되었다. 지금 이 순간이 내게 행복이고 기적이라는 것을 발견했다. 이제부터는 책 쓰기의 도전을 이어갈 것이다.

한 달이 지났음에도 감각이 제대로 돌아오지 않고 구부러지지 않는 아픈 손가락을 바라보며 좌절하는 대신, 손가락이 다시 회복하는 것을 상상하며 멈추지 않고 글을 쓰기로 다짐했다.

의사선생님은 원래처럼 회복은 불가능하다고 말씀하셨다. 하지만 그 불가능에 도전하고자 한다. 비록 100% 회복은 힘들지라도 100%에 가까워지기 위해 최선을 다해 재활치료에 최선을 다해보기로 했다.

일본에 와서 누군가와 만날 때마다 나는 "서울과 도쿄를 오가며 살고 싶다."라고 말한다. 앞으로는 "남은 인생은 사랑하는 사람과 서울과 도쿄에 작업실 있는 집을 마련하여 자유인으로 살아가고 싶다."라고 말할 것이다.

25

네일리스트를 꿈꾸는 이들의 비전 되기

— 신현주

《(現)바닐라네일》 대표, 네일샵 창업 컨설턴트, 리더쉽 전문 강사, 동기부여강사, 작가
"바닐라네일은 최고의 가치로 인재를 양성하고, 100명의 신념 있는 원장을 배출한다."는
소명의식을 가지고, 15년 네일에 대한 열정으로 네일샵 창업, 직원관리, 운영에 관한 책을 집필
중이며, 2016년 상반기 저서 출간을 앞두고 있다.
• E-mail_ okaromii@naver.com
• Homepage_ www.banilanail.co.kr

15년을 네일아트 일을 하면서 종업원, 실장, 숍인숍 운영, 로드숍
운영, 드릴기술 강사, 직원관리 강사 등을 거쳤다. 네일에 대한 자부
심을 갖고 다양하게 도전하고 성취하며 전문가로서의 역할을 충실
히 하면서 15년의 세월을 걸어왔다. 10년을 한 가지 일에 몰두한 나
는 네일 전문가이다.

매장에서 일을 하다 보면 고객들에게 종종 이런 말을 듣게 된다.

"네일숍이나 차릴까?"

지금 직장생활에서 답이 나오지 않거나, 비교적 적은 창업 자본

182 | 되고 싶고 하고 싶고 갖고 싶은 37가지

으로 쉽게 사장님이 될 수 있다는 막연한 생각에서 나오는 말이다.

여러 미용업 중에서 헤어는 다양한 고객의 스타일을 소화해내려면 다년간의 경험이 바탕이 되어야 할 것 같아 안 되겠고, 피부 관리는 온몸을 다 쓰다 고객에게 기를 빼앗기고 골병이 난다는 소문이 자자하다. 그렇다면 앉아서 손, 발만 만져주면 되는 네일아트가 요즘 뜬다면서 "네일아트, 이게 딱 이네."라는 말을 쉽게 꺼낸다.

화려한 스펙이 있어야 가능한 일도 아니고, 대중들은 여자들이 하는 노동업의 한 종류로만 생각한다. 안타까운 것은 이 일을 하고 있는 이들조차 자신의 직업에 대한 자부심이 부족하다는 것이다. 그러나 진심으로 이 일이 좋고, 간절해서 시작한 사람들에게는 열망과 자부심을 느낄 수 있다.

나는 직원 면접을 볼 때 항상 묻는 질문이 있다.

"당신은 내 직업을 위해 시간과 돈을 얼마나 투자 할 수 있나요?"

이 질문에 상당수가 의아해한다. '돈이 없어 네일을 시작했는데 돈을 쓰라고?' 이러한 사고방식은 이 일의 시작이 내 직업에 대한 애정이 아닌, 돈을 버는 수단으로 출발했기 때문이다.

우리 숍은 최고가로 알려져 있다. 그래서 네일숍을 운영하는 원장님들은 부러워한다. 나는 직원들에게 묻는다.

"여러분들은 내 기술을 저가에 팔고 싶습니까? 고가에 팔고 싶습니까? 고가에 팔고 싶다면 나의 가치를 높이는 일에 게을리하지 말고 끊임없이 투자하세요."

내가 월급을 받으며 실장으로 있을 때 만난 직원의 이야기다. 28세에 회사에서 명퇴를 강요당한 이 친구는 퇴직 후가 불안하여 문화센터에서 네일을 배우고, 그 당시의 내가 일하던 네일숍에 초보자로 취업을 했다. 처음부터 질문이 많은 친구였는데, 알려고 하는 모습이 보기 좋아 친절히 답변해주었다. 그러던 중 이 친구의 질문을 듣다 보니 짜증이 나기 시작했다. "실장님 네일숍 하려면 얼마나 들어요?", "여기 보증금은 얼마예요?", "냄새 나는데 아크릴은 안 하면 안 되나요?", "그런데, 요즘 네일아트 해서 돈 못 번다는데……." 참다못해 내가 버럭 소리를 질렀다. "야! 너, 이 일 하지 마! 돈 되는 다른 일 찾아!"

초보자가 기술 배우는 것에 열과 성의를 다해도 모자람을 느껴야 할 때에 그 친구 머릿속은 다른 세상에 있었다. 최고가 되면 당연히 최고가를 받을 수 있다는 단순한 이치를 간과하고 많은 사람들이 돈을 쉽게 벌고 싶어 한다. 기술에 욕심이 있는 네일리스트들은 제조업, 유통업, 기술 강사, 안정적인 숍 운영 등 다방면에서 고수익을 올리고 있고, 내 직업에 대한 자부심 또한 강하다.

통계청에 소상공인 자영업자의 폐점률은 평균 10개 매장 중 3년 이상을 가는 매장은 채 3개점에도 못 미친다는 통계가 나와 있다. 네일숍 또한 별반 다르지 않다. 창업은 어렵지 않지만 유지가 어려운 것이다. 다수의 네일숍 원장님들에게 폐업한 이유에 대해 물어보면 직원관리가 힘들어 그만 두었다는 의견이 90% 이상이다.

소규모 자영업자들은 매장 관리와 운영에 대해 공부를 한 경험이 없는 경우가 다수이고, 설령 공부를 했다 해도 실전에서 경험하게 되는 여러 문제들은 또 다른 어려움으로 다가온다. 나 또한 직원관리 문제로 많이 힘들어했던 시절이 있다. 예전부터 나 없이도 잘 돌아가는 매장을 갖고, 내 시간을 내 마음대로 쓰며 사는 것이 소망이었다. 그런데 내가 지금 직원문제 때문에 힘들다고 그만둔다면, 또 다른 일을 한다고 해도 결국은 1인 기업이 아닌 이상 직원관리 문제를 해결하고 넘어가야 한다는 숙제가 생긴다는 걸 깨달았다.

그때부터 경영대학원에 다니면서 공부하고 경영에 관련된 많은 서적들을 찾아 읽기 시작했다. 책 속에 답이 있다고 했던가. 나는 길을 찾기 시작했고 내가 알게 된 많은 것들을 같은 문제로 고민하는 원장님들과 공유하고 싶어졌다. 그래서 원장님들을 상대로 직원관리에 대해 강의를 하게 되었다. 지금은 아직 부족한 나의 내면을 더 채우고자 강의는 휴식기에 있다. 그러나 곧 관련 책을 출간하고 다시 강단에 설 것이다.

내가 바뀌자 직원들도 달라지기 시작했다. 일을 지시하면서도 자발적으로 일하게 만들고, 동료 간의 팀워크를 고취시키기 위해 노력했다. 그리고 제일 중요한, 내 일을 사랑하고 자부심을 갖게 만들었다. 가르치면서 배우는 덕분에 직원들은 나의 근원적인 동기부여가 이다.

향후 20년 안에 많은 직업들이 사라진다는 연구 결과 보고가 잇따르고 있다. 빅데이터 전문가이자 다음소프트 송길영 부사장의 《상상하지 말라》에서는 앞으로 살아 남을 직업에 대해 결국 '컴퓨터가 대체할 수 없는 일'이라고 나온다. "많은 경험을 필요로 하여 그 과정을 섬세히 계량화하기 어려운 직업, 종류나 생산 환경이 매우 다양해서 동일한 생산물이 나오기 어려운 직업, 무언가 존재하지 않는 것을 만들어내는 창조적 직업 등은 아직까지는 인공지능이 흉내내기 어려운 일들이다."라고 전하고 있다.

네일아트가 바로 21세기 전도유망한 직업인 것이다. 기계로 대체할 수 없고, 인간의 본질인 미를 추구하는 사업이자, 해외 어디서든 일을 할 수 있는 네일아트를 직업으로 갖고 있다는 것이 고용이 불안정한 이 시대에 얼마나 든든한 직업인가. 기술과 아트를 함께 해야 하는 네일리스트의 길은 참으로 쉽지 않다. 게다가 네일아트란 직업을 택해 돈을 벌기까지 미리 투자해야 할 시간과 노력이 상당하니, 목표가 확실치 않거나 이 직업에 자부심을 갖지 않고서는 버텨내기가 힘든 것이다. 이런 과정들을 지내온 선배로서 앞으로 네일리스트가 되기를 꿈꾸는 이들에게 그리고 지금 길을 잃고 힘들어 하는 후배들에게 힘이 되어주는 동기부여 강사가 되고 싶다.

나는 2015년을 '노는 해'로 정했었다. 양양, 부산, 제주, 발리를 다니며 서핑을 하고, 바닷가에서 신나게 취미생활과 여유를 즐겼다. 일만 하고 쉬지도 못 하는 원장이라면 그리 매력적으로 보이지 않을 것이란 핑계이기도 했다. 11월은 뉴욕에서 2016년을 기획하기 위해 트랜드 조사를 하고 돌아왔다. 이렇게 매장을 비울 수 있는 것은 내가 없어도 우리 숍은 직원들이 잘 운영하고 있는 덕분이다.

나의 목마름을 채우기 위해 나는 올해 더 큰 밑그림을 그리기 시작했다. 나의 존재가치를 느끼게 해주는 일을 구체화시키기 위해서다. 네일아트를 시작한 친구들은 모두가 본인의 숍을 갖는 것이 꿈이다. 나는 15년 경력의 노하우로 그들을 네일숍 원장으로 만들 계획이다.

첫째, 우리 숍의 직원들을 최고로 성장 시킨다.

둘째, 명품고객을 맞이하는 최고급 네일숍을 만든다.

셋째, 최고의 복지시설로 '꿈의 직장'을 만든다.

넷째, 99명의 직원들을 사장으로 만든다.

다섯째, 이 모든 것이 거짓이 아님을 증명하는 사실에 입각한 책을 쓰고 강연을 할 것이다.

2015년 하반기 '공정서비스 권리 안내문'으로 서비스업계에 큰 반향을 일으킨 나의 멘토 스노우폭스의 김승호 회장님은 이런 말을 했다.

"내가 하는 일이 혼란스러울 때 그 동기가 선한 것인지 생각해보라."

이제 나의 소명의식이 투철해졌다. 많은 사람들이 힘들어할 때 동기부여를 주는 사람이 될 것이다. 그러기 위해선 내 말에 힘이 생겨야 하고, 내 말에 힘이 생기기 위해선 내가 꿈꾸었던 모든 것들이 이루어져 거짓이 아님을 증명해야만 한다. 그렇게 나는 그들의 비전이 되고 싶다.

26

해외로 판권 수출되는
베스트셀러 작가 되기

— 김현아

전시 진행자, 대화법 코치, 자기계발 작가
작은 전시 회사에 다니며 겉으로는 평범한 회사원 생활을 했지만 가슴 속 깊은 곳에서는 언젠가는
꼭 작가가 되겠다는 꿈을 품어왔다. 전화기를 한 번 들면 2시간 이상 떠드는 수다쟁이답게 사람의
말에 관심이 많고 현재는 대화법 관련 저서를 집필 중이다.

"넌 크면 뭐가 되고 싶어?"

"나는 우리 담임선생님 같은 선생님이 될 거야."

어린 시절 친구들과 이런 대화를 나누어 본 경험이 있을 것이다.
그때를 생각하면 하고 싶은 것도 많았고, 되고 싶은 것도 많았다. 그
런데 막상 어른이 된 지금은 꿈이 무엇이냐고 물어오는 질문 자체가
당황스럽다. 언제부터인가 꿈이라는 글자는 밤에 잠잘 때나 꾸는 것
일 뿐 미래에 하고 싶다거나 이루고 싶다는 의미는 사라지고 있다.

우리가 꿈을 잊은 이유는 누구나 들어가고 싶은 안정적인 직장에
들어가 편안하게 살고 싶은 이유도 있겠지만 성장하면서 자신이 하

고자 하는 일에 재능이 없다고 생각해 포기한 경우도 있을 것이다. 아무리 노력해도 소질이 없어 늘 누군가의 들러리를 하게 되고, 성과를 거두지 못하다 보니 스스로 꿈을 놓아버리고 마는 것이다.

자신이 진심으로 하고 싶은 일에 소질이 없다면 천재성을 가진 누군가의 재능을 빌려오면 된다. MBC에서 26년 동안 기자 생활을 한 김상운은 자신이 취재하고 직접 체험한 경험을 담은 저서 《마음을 비우면 얻어지는 것들》에서 '라이코프 효과'에 대해 이야기를 하고 있다. '라이코프 효과'란 러시아의 심리학자 블라디미르 라이코프 박사가 사람들에게 최면을 걸어 밝혀낸 놀라운 사실을 일컫는다.

라이코프 박사는 자신을 찾아온 스물일곱 살의 한 기술자에게 최면을 걸고 말했다.

"'나는 렘브란트다'라고 상상해보세요."

그리고 난 다음 기술자에게 눈을 뜨고 그림을 그려보라고 했다. 그런데 이게 어떻게 된 일일까? 그림과는 전혀 상관없이 살았던 기술자가 17세기 네덜란드를 렘브란트의 나라로 불리게 만들었던 화가 렘브란트 못지않게 그림을 그려 놓은 것이 아닌가. 더 놀라운 사실은 시간이 지나도 그림 솜씨가 줄지 않았다는 것이었다. 이 실험으로 자신이 이미 오래전에 죽은 천재라고 생각하면 그 천재성이 자신에게 나타나는 현상을 알게 된 라이코프 박사는 현재까지 4천여

명의 사람들에게 음악가, 화가, 디자이너, 스포츠 챔피언 등으로 성
장할 수 있도록 도움을 주었다.

　이처럼 상상을 통해서 오래전에 살았던 누군가의 천재성을 빌릴
수 있다면 그렇게 하고 싶은 사람들이 많을 것이다. 사실 나 역시
도 그런 사람 중 한 사람이다. 나에게 누군가가 어떤 사람의 천재성
을 빌리고 싶으냐고 묻는다면 나는 소설가 신경숙의 이름을 말할 것
이다. 그녀는 1985년 스물 두 살의 나이로 소설 〈겨울 우화〉를 통해
문예중앙 신인상을 받았다. 〈겨울 우화〉는 신 작가의 첫 작품으로
그 이후 신경숙 신드롬을 만들어내며 다수의 문학상을 수상하기도
했다. 무엇보다 2008년 11월에 발표한 소설 《엄마를 부탁해》는 200
만부 이상 판매고를 기록한 것은 물론, 해외 33개국에 판권이 수출
되며 한국 문학의 새로운 지평을 열었다는 찬사를 받기도 했다. 또
한 《엄마를 부탁해》는 뉴욕타임스 베스트셀러, 아마존 닷컴의 문학
부문 '올해의 베스트 10' 등에 선정된 것과 함께 한국문학 최초로 맨
아시아 문학상(Man Asian Literary Prize)을 수상하기도 했다.

　내가 학교 다닐 때 나에게 어른이 되면 무엇이 되고 싶으냐고 묻
는 친구는 없었다. 이유는 내 꿈이 너무나 명확했기 때문이다. 새 학
기가 되고 한 달이 지나면 내 꿈에 대해 모르는 친구들이 없었다. 그
정도로 나는 하고 싶은 것이 뚜렷한 학생이었다. 하지만 고등학교를
졸업하고 내가 알지 못했던 사회라는 곳을 경험하면서 나 역시도 다

른 사람들과 마찬가지로 내 꿈을 잊어가기 시작했다. 직장생활을 하며 다달이 나오는 월급에 안주했고, 친구들과 어울려 맛있는 음식점이나 카페를 찾아다니는 일에 혼침했다. 그렇게 나는 내게 주어진 생활에 만족하며 나름대로 이런 생활이 재미있다고 느꼈다. 그러면서도 아이러니하게 사람들과 미래에 대한 이야기를 할 때면 이렇게 말하곤 했다.

"난 죽기 전에 내 이름 석 자가 찍힌 책 한 권 쓰고 죽을 거야."

내 꿈은 작가였다. 평생 책을 보면서 글만 쓰고 싶었을 정도로 나는 무언가 내 머릿속에 떠오르는 것들을 글로 옮기는 것을 좋아했다. 아무것도 없는 하얀 종이에 내 생각이 가득 담긴 글자들을 써 내려가는 것이 그렇게 가슴 벅찰 수 없었다. 그런데 어느 순간 나 역시도 내 재능에 대한 생각을 하게 되었다. 학교 내에서건 학교 밖에서건 백일장에 입상하면 난 언제나 2등 아니면 3등이었다. 우수상과 장려상 혹은 가작이 내 몫이었다. 아무리 내가 좋아하고 열심히 해도 1등은 늘 내 것이 아니었다. 그러면서 나도 모르는 사이 재미를 조금씩 잃어버렸었다.

그리고 이제 와서 무언가에 도전하고 실패하고 그 결과를 인정해야 한다는 것이 두려웠다. 기껏 용기 내서 시작했는데 보기 좋게 실패하게 된다면 그 여파를 감당할 자신이 없었다는 것이 솔직한 나의 마음이었다. 그래서 내가 선택한 방법은 핑계였다.

첫 번째 내가 만든 핑계는 아직 경험이 부족하다는 점이었다. 세상에 태어나 아직 30년도 채 살아보지 않았는데 독자들의 마음을 울릴 만한 글을 쓸 수 있을지 의심스러웠다. 평범해도 너무 평범한 내 생활 속에서 사람들에게 오랜 시간 간직될 글을 쓸 수 있을 것이라는 생각이 전혀 들지 않았다.

두 번째는 배울 곳이 없다는 것이었다. 소질이 없기 때문에 누군가에게 배워야 한다고 생각했다. 하지만 어디서 배워야 할지, 어떻게 시작을 해야 할지 알 수가 없었다. 지금 돌이켜 생각해보면 찾아보지도 않으면서 배울만한 곳이 없다는 이유로 나의 무기력함을 정당화하고 있었던 것이었다.

그래도 하늘은 나를 버리지 않았다. 우연히 인터넷 서점을 돌아다니다가 책 한 권이 눈에 들어왔다. 처음에는 책의 제목에 이끌려 클릭을 했지만 작가의 프로필을 보는 순간 나는 감당할 수 없는 호기심을 느꼈다. 작가의 이름 앞에 적힌 '대한민국 대표 책 쓰기 코치'라는 말이 내 마음을 사로잡아버렸다.

책을 읽지 않으면 안 될 것 같았고, 코치의 강연을 듣지 않으면 안 될 것 같았다. 그리고 분명 모든 상황이 내가 강연회에 갈 수 없는 조건이었음에도 불구하고 강연이 있는 주에 갑작스럽게 조율이 되기 시작했다. 나에게 온 기회라는 생각에 당장 강연회장으로 걸음을 옮겼다.

그것이 바로 2015년 올해 여름에 있었던 일이다. 그리고 '대한민국 대표 책 쓰기 코치'라는 이름으로 내 가슴을 다시 떨리게 만들었던 분이 바로 김태광 작가다. 18년 동안 200권의 저서를 쓴 그에게 배운다면 아무리 재능이 부족한 나라도 좋은 글을 쓸 수 있을 것이라는 믿음이 생겼다.

진심으로 하고 싶은 일을 되찾은 요즘 어린아이처럼 꿈이라는 것을 꾸기 시작했다. 밤에 잠잘 때나 꾸는 꿈이 아니라 내 가슴이 꾸는 꿈 말이다. 그리고 하루하루를 흘러가는 대로 내버려두었던 지난날과는 다르게 목표도 생겨났다. 단순히 배우는 것으로 만족하지 않고 내 글이 많은 사람들에게 읽히고, 대한민국을 넘어 세계로 뻗어나가게 만들겠다는 광대한 목표가 멈춰있던 내 가슴을 요동치게 만들고 있다.

꿈이 살아난 지금 내 모습을 바라보면 깜짝 놀랄 때가 많다. '어떻게 하면 직장을 그만둘 수 있을까?' 고민하던 것이 회사에 있을 때만큼은 업무에 집중할 수 있게 되었고, 사람들과 약속을 잡고 시간을 보내는 것이 아까워지기 시작했다. 그 시간에 내 글을 쓰면 더 많은 것들을 얻을 수 있는데 무의미한 수다에 내 시간을 낭비하고 싶지 않아졌다. 이 나이를 먹을 때까지 내가 묵인하고 있었던 잘못된 습관들에 대해서도 많은 생각을 하기 시작했다.

나는 나에게 일어난 이 변화가 나쁘지 않다. 무언가 내가 더 성장하는 것 같고 매일매일 내가 원하는 곳으로 가기 위해 한 걸음 내딛는 기분이다. 그리고 불가능해 보일 수도 있는 내 목표를 달성하고 더 높은 곳을 향해 도약할 미래가 기대된다.

오늘도 내 목표는 저 멀리서 두 팔을 벌리고 날 기다리고 있다. 현재 나의 꿈은 대한민국에서 10만 부 이상의 판매고를 달성하고, 해외로 저작권이 수출되는 책을 집필하는 것이다. 그리고 나와 같이 꿈을 향해 걸음을 내딛는 모든 젊은이를 응원한다. 우리가 꾸는 꿈은 무엇이든지 이루어질 것이다.

27

꿈과 힐링을 돕는
러블리메신저로 살아가기

— 나영채

〈마음ㅣ컴퍼니〉 대표, 〈EFT감정연구소〉 소장, 내면아이치유 심리상담가
어린 시절의 아픈 상처를 딛고 성장한 그녀는 내면아이치유코칭과 동기부여 강연으로 수많은
청춘들의 고민과 상처를 상담하고 있다. 또한 감정노동자 및 힐링이 필요한 분들을 대상으로
전국 곳곳에서 강연을 진행하고 있고, 다양한 직업의 사람들을 대상으로 심리치유 코칭, 워크숍
을 진행 중이다. 저서로는 《상처를 넘어설 용기》가 있다.
 • E—mail_ qmffltm6080@naver.com
 • Blog_ http://blog.naver.com/qmffltm6080

어제 후배와 맛있는 저녁식사를 했다. 나는 꿈이라는 단어를 좋
아한다. 그래서 강연장에서 또는 지인들과 식사를 할 때도 대화 도
중 꿈이 무엇이냐는 질문을 종종 한다. 뜬금없는 나의 질문에 후배
의 꿈은 24평 아파트 한 채를 사서 대출금을 꼬박꼬박 갚으며 사는
것이 평생 꿈이라고 하였다. 그 말을 들은 내 표정을 살피며 그는 이
런 말을 꺼냈다.

"작가로서 강연을 다니고 마음이 힘든 사람들에게 심리상담을 하
는 선배 일이 부럽네요. 보람되는 일을 하셔서 그런지 얼굴에서 빛
이 나고 행복해보여요. 하지만 저는 선배처럼 능력이 있는 것도 아

니고, 나이도 벌써 서른이 넘었으니 꿈을 꾸는 것은 시간 낭비라 생각해요."

그는 현재 내 삶을 보고 부러워하지만 나도 처음부터 작가, 강연가, 심리상담가를 꿈꾸지 않았다. 대학시절, 집이 가난하여 주간에는 학교를 다니고 밤에는 편의점 아르바이트, 과외, 학원강사, 번역, 식당 종업원, 사무원 등으로 일하며 학비를 벌고 용돈을 마련했다. 주위에는 꿈 없이 사는 사람들뿐이라 안정적으로 열심히만 살면 된다고 생각했다. 그러던 중 꿈 없이 살아오던 삼십대 초반에 스트레스가 누적되자 심각한 불면증과 안면마비를 앓으면서 죽을 뻔한 위기를 겪었고, 이겨내는 과정에서 EFT(Emotional Freedom Techniques)와 내면아이치유를 만났다. 어린 시절 부모님의 이혼 후 외면했던 상처를 꽁꽁 감추었다가 곪았던 상처가 터지게 되었고 치유하는 과정에서 드디어 잠재력이 있는 진짜 나를 만나게 되었다.

다시는 그 시절로 되돌아가고 싶지는 않지만 그 시절을 겪었기에 지금 나는 누구보다 행복하다. 내 상처를 극복하는 과정에서 배운 치유방법으로 네이버 카페인 〈EFT 강점 심리센터〉에서 한의사, 교사, 공무원, 은행원, 사업가 등 다양한 직업을 가진 사람들을 만나 우울증, 강박증, 공황장애 상태에 이르게 된 그들이 빠른 시간 내에 행복한 삶을 살도록 돕고 있다. 더불어 그 상처를 극복한 나의 스토리와 수많은 사례를 담은 책인 《상처를 넘어설 용기》를 2015년 6월에 펴내 기업체, 백화점 강연활동과 상담 일정을 바쁘게 소화해내고 있다. 이제는 책을 통해 수많은 독자들을 만나게 되고 꿈 너머 꿈을 꾸고 있다.

나는 브렌든 버처드가 펴낸 《메신저가 되라》라는 책을 계기로 내 꿈을 더욱 구체화할 수 있었다. 메신저란 다른 사람들에게 조언과 지식을 제공해주고 대가를 받는 사람이다.

며칠 전, 이사를 하였는데 집 정리가 힘들어서 정리정돈 전문가에게 도움을 요청했다. 불과 네 시간 동안 정리 정돈으로 집이 말끔해졌다. 내가 이렇게 정리정돈 전문가의 도움을 신속하게 요청하게 된 계기는 《메신저가 되라》라는 책에서 나온 로리 마레로 사례 때문이다. 로리 마레로는 집 안 정리정돈을 즐기는 사람으로 "어떻게 하면 이렇게 모든 것을 잘 정리할 수 있죠?"라고 사람들이 자주 물었고, 그 질문들을 계기로 로리는 '정리정돈 전문가'가 되어 《잡동사니 버리기》 책을 출간했다. 이 이야기를 통해 내가 잘하고 좋아하는 일이 있다면 유명하지 않아도 누구나 메신저가 될 수 있다는 희망을 얻었다. 나에게도 사람들이 '어떻게'라는 이런 질문을 자주 했었고, 지금도 강연장에서 공통적으로 이런 질문을 한다.

"어떻게 심각한 불면증을 EFT로 극복했어요?"
"저는 상담사가 되고 싶은데 대학원에 갈 형편은 안 됩니다. 선생님은 대학원을 가지 않고도 심리 상담사로 어떻게 성공했어요?"

"작가님처럼 되고 싶은데 책은 어떻게 쓰나요?"

"연애의 상처에서 벗어나 행복해지고 싶은데 어떻게 하면 좋을까요?"

"저도 사랑받고 싶은데 매력이 없는 나를 누가 좋아하겠어요? 어떻게 하면 사랑받을 수 있을까요?"

나도 사람들이 나에게 한 질문을 곰곰이 생각하면서 나의 소중한 잠재력과 메신저의 비전을 명확히 할 수 있었다. 내가 겪은 상처들을 통해 머리보다 가슴으로 사람들의 상처에 다가가 힐링하도록 도와주고, 어떻게 성공하는 상담가로 발전할 수 있는지 나만의 경험과 지식을 토대로 다른 사람들을 도와주는 것이다. 그래서 나는 메신저에게는 무엇보다 비전이 목숨과 같이 중요하다고 생각한다. 나도 '비전 선언문'을 작성해서 내 카페에 올려두었다.

첫째, 힐링이 필요한 사람들에게는 EFT와 내면아이치유로 상처들과 하루 빨리 이별하고 지금 이 순간에 행복하게 살 수 있도록 돕는다.

둘째, 책 쓰기, 강연가, 상담가로서의 활동뿐만 아니라 다양한 영역으로 꿈을 확대한다.

셋째, 강점과 꿈을 찾게 도와주고 꿈을 지속하도록 동기부여한다.

넷째, 60세까지 100권 이상의 책을 출간하고 나의 잠재력을 꾸준히 개발한다.

다섯째, 죽을 때까지 내면과 외면의 아름다움을 연구한다.

비전은 각자가 가진 소명과 연결된다. 《서른여덟 작가, 코치, 강연가로 50억 자산가가 되다》를 펴낸 김태광 작가는 책 서문에서 이렇게 말했다.

"당신에게는 지구별에 올 때 하나님이 주신 '소명'이 있다. 그 소명을 찾아 목숨을 걸고 행동해야 한다. 소명을 실현하기 위해 행동할 때 인생은 더 나아지기 시작할 뿐 아니라 진정한 기쁨과 행복을 맛보게 된다."

현재 대한민국 최고 책 쓰기 코치로 활약 중인 그는 네이버 카페인 〈한책협〉를 통해 수많은 베스트셀러 작가들을 배출하고 있고 누구보다 성공한 메신저의 삶을 살고 있다. 숨어있는 잠재력을 끄집어내는 일은 스펙에 관계없이 누구나 공평하게 메신저의 소명을 다해야 한다는 그의 마인드는 《후회 없는 삶》이란 책에서 극명하게 드러난다. 특수강도죄로 15년 형을 선고받고 복역 중인 재소자 강우영에게 자기암시와 삶을 대하는 태도의 중요성을 코치해주고, '범죄 예방 전문가'라는 잠재력과 꿈을 다지도록 격려해주며 마침내 그의 스토리를 담은 책의 출간으로 가족들과 강우영에게 희망과 용기를 주었다.

"작가님의 책을 읽고 용기를 냅니다. 제 상처들도 언젠가는 작가님처럼 다른 사람들에게 잘 쓰이는 재료가 되겠죠? 이제는 제 상처에 연연하지 않고 작가님처럼 상담사가 되고 싶은 꿈이 생겼어요. 꿈이 생기니 하기 싫던 공부가 요즘 신기하게 재미있습니다. 작가님을 꼭 만나고 싶어요."

고3을 앞둔 고등학생이 나에게 장문의 메일을 보내왔다. 그는 공부를 꽤 잘하지만 진로를 결정하지 못해 불안했는데 도서관에서 내 책을 단숨에 읽으며 상처받은 내면아이와 대화하게 되었고, 꿈을 찾게 되어 가슴이 두근거렸다고 한다. 며칠 전, 그는 영등포 롯데백화점에 내가 강연한다는 소식을 듣고 참석하여 눈빛을 반짝거리며 강연을 경청했다. 나는 어른들이 많은 강연장에 용기 내 참석한 그를 칭찬해주고, 그의 꿈을 응원해주었다.

나는 매일 수많은 상처스토리를 사람들에게서 듣는다. 10대부터 70대까지 연령층도 다양하고 연애상처, 성폭력, 가정폭력 등 스토리도 다양하다. 감사한 점은 처음 본 나에게 용기있게 오픈하여 자신의 상처를 이야기한다는 점이다. 그러면서 다들 신기하다는 듯이 이런 말을 한다.

"선생님을 처음 봤는데 제가 왜 이런 이야기까지 솔직하게 이야기하는 거죠? 제가 이렇게 남에게 털어놓은 적이 한 번도 없어 저도 이해가 잘 안 가지만 어쨌든 잘 들어주셔서 감사합니다. 속이 시원합니다."

최고의 상담사란 조언이나 해결책을 제시하는 것보다 상처받은 스토리를 먼저 용기 있게 털어놓게 하는 공감능력이라고 생각한다. 또한 나는 내담자의 상처가 치료되어, 잠재되어 있던 꿈을 찾는 아름다운 모습을 미리 상상한다.

러블리메신저로 활동하는 나는 죽을 때까지 나와 다른 사람들의 잠재력을 계속 개발하면서 아름답게 살고 싶다. 그리고 하루라도 빨리 상처로 힘든 사람들이 행복해지도록 다양하고 효과적인 상담기법을 개발하고 싶다. 요즘 나의 새로운 취미는 러블리한 얼굴을 연출하는 화장법을 공부하는 것이다. 상담의 목표인 자기사랑과 자존감의 높아진다는 증거들은 외모에서도 눈에 띄게 나타난다는 것을 눈여겨보게 되었다. 변화의 두려움이 많던 내담자들은 시간이 지날수록 머리스타일을 바꾸거나 화장기법의 변화 등 점점 멋있어지고 얼굴이 펴졌다. 매력적인 이미지를 연출하는 러블리 페이스를 재미있게 공부하면서, 심리 상담하는 데 이것을 접목하면 시너지 효과가 날 것이라 예상하며 미소 지어본다. 하고 싶고, 되고 싶고, 갖고 싶은 것을 누리고 꿈 너머 꿈을 소망하는 삶, 시간이 지날수록 기대되는 내 삶을 응원한다.

28-37

이경남 이선영 양지숙 임원화 신태용
조경애 김새해 김우선 김나리 이향미

되고 싶고
하고 싶고
갖고 싶은
37가지

28

하고 싶은 일 바로 실행하기

— 이경남

서양화가, 〈GEOART〉 대표, 힐링아트 인문학 강사, 한국긍정심리강점 전문 강사
〈대한민국 미술대전〉 최우수상, 서울특별시장상, 〈경기미술대전〉 수채화 대상 및 초대작가상을
수상. 예술대학 전문가과정 지도교수, 신미술대전 및 한국 미술대상전 심사위원을 역임했다.
대표작품으로는 〈화진몽〉, 〈카르마의 바다〉, 〈바람〉시리즈가 있고, 저서로는 《3분 명화 에세이》,
《버킷 리스트5》, 《되고 싶고 하고 싶고 갖고 싶은 36가지》가 있다.

"우리 여행 갈까?"

"돈이 없어서 못 가"

"필요한 돈 벌면 되지 뭐."

"능력도 안 되고, 아이들이 어려서 어떻게 해! 도와주는 사람도 없
어서 못 해."

한 번쯤 주고받아본 내용일 것이다. 대부분 사람들이 원하는 것
들을 꿈으로만 가지고 있다. 그 꿈들을 "못 해!"라는 틀 속에 자신을
가두고 돈과 시간과 도와줄 사람이 없다는 이유로 문제를 해결하려
고 노력 안 하는지 모르겠다. 내 주변 사람들 중에는 새로운 학업을

선택하거나 대학원을 진학해야 돈을 많이 벌어서, 나이 들어 여유로운 삶을 갖게 된다고 생각하는 사람들이 적지 않다.

"언젠가는 갈 수 있겠지 뭐! 나중에 생각할래. 어떻게 되겠지."하며 뭐든지 나중으로 미루는 이들을 볼 때면 안타까움을 금치 않을 수 없다. 자신이 지금 당장 할 수 있는 것들이 얼마나 많은지, 가지고 있는 강점들이 엄청나게 많다는 것을 모르고 있다. 그렇게 자신의 고유한 강점을 찾지 못하고, 하고 싶은 것을 잊고 돈만을 위한 직업군으로 시선을 돌리는 이들도 꽤 많다. 고학력이 되었음에도 불구하고 많은 시간을 낭비하며 눈앞에 놓인 이익만 쫓는 것이다. 그렇게 많은 시간이 지난 뒤에야 비로서야 알아챈다. 간절히 하고 싶은 소소한 것이 무엇이었는지 깨닫는 순간 후회만 하고 그 자리에 주저앉는 이들도 상당수 있다.

지금의 나는 40대 아줌마로 원하는 삶을 살고 있다는 소리를 듣고 있지만, 과거의 난 누구보다 내적 갈등과 절망 속에서 꿈을 이루기 위해 낮은 자세로 살아왔다. 개구리가 멀리 뛰기 위해 최대한 몸을 웅크리는 것처럼 때를 기다리며 그림 그리는 삶을 포기하지 않고 살았다. 예고 없이 찾아온 어려운 살림 속에서 머리핀에 보석 박는 수공예 일감을 더 많이 받기 위해 공장 앞에 줄서기도 했다. 맘 편하게 공부 한번 못 하고 몇 번을 실패하며 학업을 마치기도 했다. 어려움이 있어도 틈나는 대로 그림을 그리며 꾸준히 화가의 꿈을 이어왔다. 화가의 꿈을 이루고 꿈 넘어 꿈을 계획하며 내 이름으로 된《3분 명화 에세이》베스트셀러 작가로 살고 있다. 이렇게 내가 원하는 것을 언제나 할 수 있는 삶을 살기 위해 지극히 주관적으로 나를 바라보려고 노력했다. 그 과정 중에 하고 싶고, 되고 싶고, 갖고 싶은 것을 월말 정산표를 작성하듯이 정기적으로 기록하는 습관은 잊어버린 욕망을 찾게 하였다. 그 기록은 일명 버킷리스트다.

1. Edu 큐레이터
2. 세계 100회 강연
3. 힐링아트 드로잉 명상 강사양성
4. 프랑스어 번역 저서 출간과 파리전시
5. 콜라주 행복강좌
6. 랜드로버 SUV차량 구매
7. 세계일주
8. 전국 전시투어
9. 청소년 진로 테크닉 책 출간
10. 해외 먹방 번개 투어

　정기적으로 기록된 리스트를 체크하면서 이룬 것들은 지우고 새로운 것을 적어가는 과정을 통해 정말 하고 싶었던 것을 찾아냈고, 할 수 있는 것을 발견했다. 최근에 오래 전에 하고 싶었던 것이 생각났다.

　.

　자녀의 미래를 위해 방학에 거금을 투자해 언어연수를 보내면서 정작 자신을 위해서는 아무것도 못 해 본 친구를 만나게 되었다. 신랑이 많은 돈을 벌어다 주는 데도 불구하고 한 번도 편하게 여행을 못 했던 친구였다. 여행은 고사하고 당일 외출도 못 해 본 것이다. 행여나 자신을 위해 돈을 쓰고 나면 자녀의 과외비에 큰 영향을 미칠까봐 걱정하는 것이다. 도무지 내 기준에서는 이해가 가지 않는 부분이었다. 내가 조금이라도 바른 소리를 할 때면 불쾌하게 받아들인 적이 여러 번 있는 터라 언제부터인가 만나는 것을 피했다. 어느 날 입시철이 끝나고 그 친구가 연락이 왔다.

　"친구야! 나 너무 힘들다. 그때 네가 한말이 생각나 전화했어. 술 한 잔 사줄래?" 하는 것이다. 전화기 너머로 들려온 떨리는 목소리에서 불길한 예감이 들었다. 역시 예감이 맞았다. 그렇게 그 친구가 아끼고 섬기던 신랑의 외도를 알게 되고 아들은 재수를 하게 되어 절망에 빠진 것이었다.

　모든 것을 다 동원해서 최선의 노력을 다해도 세 번은 실패한다고 한다. 그래서 인생에는 세 번의 기회가 있다고 하는지도 모르겠다. 결국은 실패 후의 행동이 성공을 좌우한다고 할 수 있지만 한편으로는 성공한 후에 무엇을 하려 한다면 아무것도 할 수 있는 것이 없을지도 모른다.

그 친구와 점심을 먹으며 사연을 듣자마자 포항행 비행기 표를 예약했다. 포항에 있는 친구에게 전화하고 기분전환 하러 소연이 데려 갈 테니 바닷가 맛집을 예약해두라고 하며 무조건 떠났다. 그렇게 잠시 일상에서 탈출했다. 그렇게 떠난 짧은 여행기간 동안 세 명의 여자가 버킷리스트를 작성하기 시작했다. 그리고 많이도 울었다. 20년 넘게 인연을 이어온 친구라서 그런지 우리는 긴 설명 없이도 서로의 눈빛만으로도 마음을 읽을 수 있었다. 다음에는 해외로 번개 투어를 가기로 약속했다. 이번처럼 훅 떠나고 싶을 때 온전히 자신들을 위해 시간과 금전을 투자하자고 한 것이다. 이런 약속들을 소연이의 새로운 출발 소식을 접할 때까지 잊고 지냈다. 좋은 소식과 더불어 잊고 지냈던 버킷리스트를 꺼내게 되었다.

우리가 목표한 것을 향해 달리다 보면 넘어지기도 한다. 넘어졌다고 해서 절망 속에서 오래 머물면 안 된다. 그동안 성공적으로 달려온 시간을 기억하고 달리면 고통은 쉽게 잊어버리게 되는 것이다. 넘어진 순간의 감정에서 빨리 빠져 나오는 방법을 터득해야 한다. 사람마다 빠져 나오는 방법이 다양하겠지만, 나는 슬프거나 절망에 잠길 때면 무작정 바다로 향했다. 이제는 과거의 습관을 버리고 멋진 삶을 위해 새로운 것을 경험하는 습관을 갖고 싶어졌다.

"스시 먹으러 일본 갔다 올까?"

어느 날, 스시를 먹고 싶을 때 훅 하고 일본으로 날아가자고 친구에게 전화할 것이다. 이렇게 가고 싶고, 먹고 싶은 것이 분명해지면 열심히 공부한 아이에게 영화 티켓 한 장 주듯 아침 첫 비행기 티켓을 들고 일본으로 가는 것이다. 유명하다는 스시 맛집 투어를 마치고 마지막 비행기를 타고 한국에 돌아와 다음날의 일정을 체크하는 나의 일상을 떠올려 본다. 누구나 한 번쯤 일본이든 부산이든 제주도든 떠나고 싶은 마음이 들 때, 떠나는 자신을 상상해본 적이 있을 것이다. 허나 실제로 떠나는 사람은 적다. 행여나 갔다 왔다고 하면 돈이 남아 도는 놈들의 놀이라고 치부하면서 "돈지랄 하는구먼." 하며 비웃을 것이다.

평범한 우리들도 원하는 것을 충분히 이룰 수 있다는 것을 모르고 살아가는 이들 속에서 나는 행복하게 살아갈 것이다.

29

돈나무가 열리는 시스템을 만들어
원하는 삶 살기

— 이선영

병원 내부 시스템 컨설턴트, 〈Change Young Company〉대표, 치과위생사, 강연가
현재 전국의 병원을 상대로 내부 시스템을 잡아주는 컨설팅 기업 〈체인지영컴퍼니〉대표로 있다.
대학과 문화센터 등지에 1인 창업 노하우를 알려주고 동기부여가로 활발하게 활동하고 있다.
• E-mail_ juanijun@naver.com
• Blog_ www.changeyoung.com

나는 병원 전문 컨설팅 회사 〈체인지영〉의 대표이자 작가, 동기
부여가이다. 체인지영은 병원뿐만 아니라 개개인의 마인드와 의식
을 변화시켜주는 프로그램도 운영하고 있다. 체인지영의 비전은 '변
화'이다. 내면 안에 갇힌 내 생각을 펼치고 변화될 수 있도록 돕는
것이 내 일이다. 특히 병원시장은 너무나도 빠르게 변화되고 있는데
아직도 예전의 마인드에서 못 벗어난 곳이 많다. 그래서 이 변화의
흐름을 제대로 파악하고 당면한 문제점을 잡아서 해결할 수 있는 능
력을 길러주고, 원장님과 병원별 특성을 파악해서 병원이 발전할 수
있도록 돕고 있다.

나는 체인지영에서 병원 내부 시스템과 매뉴얼, 경영관리, 건강

보험 청구 시스템까지 잡아주며 솔루션을 제안한다. 지금까지 50여 군데의 병원 컨설팅을 하면서 쌓은 경험과 노하우로 원장님과 실장님과의 커뮤니케이션 코칭, 직원관리뿐 아니라 중간관리자나 스텝 역량 강화를 위한 1:1 교육도 진행한다.

병원 컨설팅 일을 시작한지 이제 약 2년. 처음에는 한 달에 100만 원도 못 벌고 발품을 팔며 일주일 내내 쉴 틈 없이 일했다. 그때의 피땀 어린 노력이 결실을 맺는 것일까? 최근에는 블로그를 통해 컨설팅 의뢰가 계속 들어와서 더 이상 컨설팅을 받을 수 없을 정도로 예약이 꽉 찼다. 1인 기업으로 시작했지만 더 크게 성장하기 위해 체인지영과 함께 병원 컨설팅을 할 컨설턴트도 모집하고 있다. 체계적인 교육과정을 통해 병원 컨설팅을 전문적으로 할 수 있도록 노하우를 아낌없이 알려준다. 체인지영 소속 컨설턴트로 활동할 수도 있고, 1인 기업으로 컨설팅 회사를 차려 직접 운영할 수도 있다. 제약회사 직원들이나 현재 컨설팅을 진행하고 있는 다른 회사 직원들도 내부 시스템을 몰라서 당황하는 경우가 많이 있다. 그들에게 내부 시스템을 잡고, 활용할 수 있는 방법을 알려주어서 내적, 외적으로도 최고의 컨설턴트가 될 수 있도록 돕는다. 실제로 유명 제약회사에서 병원 컨설턴트 능력을 함양하기 위해 의뢰가 들어와서 80명 대상으로 교육을 진행한 적도 있다. 병원 일에 질렸거나, 나만의 브랜딩을 갖고 싶은 중간관리자들에게도 인기몰이를 하고 있다.

모 치과병원 원장님은 블로그를 통해 직원모집을 문의했다. 아직 직원연결 서비스는 하지 않고 있기에 죄송하다고 말씀드렸지만 그만큼 체인지영의 입지가 커지고 있다는 뜻일 것이다.

얼마 전에는 현대 백화점 5개 지점에서 두 번째 책 《1인 창업이 답이다》에 대한 강연 요청이 들어왔고, 부산 경성대학교에서도 첫 번째 책 《20대 발칙한 라이프 쫄지 말고 당당하게》의 강연요청이 들어왔다. 병원 컨설팅뿐만 아니라 책을 통해 여러 부류의 사람들과 만나고 호흡하는 것이 즐겁다. 그들이 내 책을 통해 변화되고, 더 나은 삶을 살아가는 모습을 보면 내 일같이 행복하다.

처음 평범했던 직장인에서 이렇게 되기까지 수많은 노력이 있었다. 무엇보다 나 스스로의 의식이 확장되었다. '나는 할 수 없을 거야'라고 생각하며 지배당하는 삶에 만족하며 살았던 과거의 나는 사라지고 내가 지배하는 삶으로 바뀌었다. 과거의 나는 한 회사의 대표가 될 줄 꿈에도 생각하지 못했고 작가는 특별한 사람만이 할 수 있는 것이라고만 생각했다. 누군가를 리드한다는 건 상상도 하지 못했고 내가 따라가는 게 편했다. 그랬던 내가 교육 사업에 뛰어들고 책을 써서 동기부여를 하고, 누군가의 삶을 변화시키는 메신저의 삶을 살고 있다니! 작은 물방울이 서로 모여 큰 물방울이 되듯이 작은 꿈은 파동을 일으켜 세상으로 뻗어나가고 큰 꿈이 된다. 나는 책을 쓰면서 가난한 내 의식을 깨부수고 부자마인드를 장착시켰다.

이제는 더 큰 세상을 바라보며 나아가고자 한다. 각 병원에는 '건강보험청구프로그램'이 있다. 그 프로그램에 간단한 CRM이 연결되어 있어 환자 분석이나 매출 분석을 할 수 있게 되어 있다. 그러나 많은 병원을 컨설팅하면서 여러 프로그램을 써보았지만 좀 더 상세하게 세분화되어 있는 CRM은 없었다. 그저 건강보험 청구에만 특화된 형태의 프로그램이 대부분이었다.

이제는 진료만 잘한다고 환자가 걸어 들어오지 않는다. CRM을 분석하고 병원을 브랜딩하여 타켓층을 형성하여 제대로 마케팅을 해야 한다. 그러기 위해서는 경영 분석 툴이 있으면 편하다. 지금까지는 건강보험 청구 프로그램을 별도로 사용하고 엑셀로 일계표를 만들어왔다. 환자 내원경로 분석, 임플란트 및 보철 종류, 제휴, 신·구환 분포 등 일일이 일계표를 작성해서 매달마다 통계를 직접 내야만 했다.

통계를 내지 않고 매출만 분석하는 단순한 일계표를 작성하는 병원도 많다. 그러나 그렇게만 해서는 우리병원에 오는 환자수가 일정한지, 줄어든다면 이유가 무엇인지, 어느 진료에 강세가 있는지, 내원하는 환자유형은 어떤지를 알 수가 없다. 그런 모든 것들을 분석해야 정확한 전략이 나오고 그 전략을 통해 병원 브랜딩을 할 수 있는 것이다.

컨설팅을 하면서 이런 모든 부분들을 분석하기 위해 매번 일계표와 경영 툴을 만들어서 적용해야만 했는데, 프로그램을 만들어서 배포한다면 훨씬 컨설팅이 수월해질 것이다. 어차피 매번 분석해서 사용해야 하는 거라면 우리가 매일 사용하는 병원프로그램에 연결해서 버튼만 눌러 자동으로 분석해서 통계까지 낼 수 있다면 얼마나 편할까? 거기다가 세무분석과 재무 분석까지 넣고 초보실장이 가장 필요로 하는 매뉴얼과 주의사항 폼, 재료관리까지 매번 법이 바뀔 때마다 업데이트해서 올라온다면? 생각만 해도 굉장하지 않은가? 아무도 만들지 않았던 프로그램을 만든다면 병원 계에 센세이션을 일으킬 것이다. 치과프로그램으로 먼저 시작해서 다른 과까지 확장하고, 최종적으로는 중국 등지에 수출할 계획이다. 나는 밥을 먹고 여행을 하고, 친구를 만나고 있어도 프로그램은 계속 돌아갈 것이고 돈이 열리는 돈나무의 근원지가 될 것이다. 이것이 바로 인세수입이다. 향후 5년을 바라보며 현재 나의 파트너 〈SMM Korea〉의 이길성 대표와 함께 개발에 착수했다.

또, 1년에 한 권씩 내 이름으로 된 책을 꾸준히 내고, 세상에 선한 영향력을 미치면서 그들이 자신의 꿈을 찾고 사랑하는 일을 할 수 있도록 도울 것이다. 첫 책을 낸지 1년 만에 벌써 내 이름이 박힌 책이 3권이나 된다. 내 책을 읽고 꿈을 찾은 사람부터 1인 창업의 콘텐츠를 찾았다는 사람, 오랫동안 경력단절자로 있던 한 주부가 내 책을 읽고 1인 창업을 결심했다는 이야기 등 내 책으로 영향력을 받은 사람들이 점점 늘고 있다. 그분들을 위해 더 좋은 책을 쓸 것이다.

1인 기업은 자유로운 시간관리를 할 수 있다는 장점이 있지만 내가 아프거나 무슨 일이 생겨서 잠시 일을 멈추면 수입관리가 제대로 되지 않는다는 단점이 있다. 내가 스스로 뛰어야 하는 일 말고 내가 없어도 돌아갈 수 있는 시스템을 만들어야 한다. 그것이 바로 나의 최종목표이다.

베스트 원보다는 '온리 원'이 되어야 한다. 이제는 누군가를 따라가는 것만으로는 성공할 수 없다. 아무도 가지 않은 길을 개척해야 한다. 그 길이 좁고 거칠더라도 분명히 틈새는 존재한다. 그 틈새를 비집고 들어가 새로운 길을 열 것이다. 그리고 돈나무가 열리는 시스템으로 평생 내가 하고 싶은 일을 하며 살 것이다.

당신에게는 꿈이 있는가? 나는 사랑하는 가족들과 전 세계를 여행하며 보고 느끼고 사랑하며 사는 것이 꿈이다. 평생 내가 하고 싶은 일만 하고, 내가 사랑하는 사람들과 만나며 같이 있으면 즐거움이 배가 되는 사람들과 함께 한다면 얼마나 즐겁겠는가? 먹고 살기 위해 하기 싫은 일을 하고, 만나고 싶지 않은 사람을 억지로 만나지 말고 진짜 내가 원하는 일을 하자. 그러기 위해서 먼저 내가 사랑하는 일을 찾아서 그 일을 위해 목숨을 바쳐보자. 그리고 그 꿈을 매일 생생하게 그리고 상상하자. 꿈이 현실이 될 것이다. 하고자 한다면 방법은 반드시 찾아지게 마련이다. 우리의 시간은 제한되어 있다. 다른 사람의 생각을 따라 사는 데 시간을 허비하지 말고 내 심장이 팔딱팔딱 뛰는 일에 뛰어들자. 내가 생각하는 모든 것은 이루어진다. 이제 나의 세상이다.

30

대한민국 최고의 대중 강연가 되기

— 양지숙

교육컨설팅 기업 〈Valuedigm eeroun〉 대표, 행운지능 계발가
기업 및 병원을 대상으로 소통과 관계를 돕는 교육 및 컨설팅을 하고 있다. 감정노동자들의 감정
치유를 도와 고객경험관리를 긍정적으로 향상시키고, 기업에서 사내강사들의 역량계발을 위한
일을 하고 있다. 강사를 희망하는 사람들의 멘토로 강연 기획 및 강연 기법을 코칭하고 있다.
저서로는 《운이 따르게 하는 습관》, 《보물지도3》이 있다.
• E-mail_ eeroun7@gmail.com
• Blog_ www.eeroun.com

생각만 해도 설레는 일이 있다면 그건 진정으로 자신이 바라는
일이라고 생각한다. 어떤 사람을 떠올릴 때 설렌다면 그 사람은 내
인연일 것이고, 어떤 일을 떠올릴 때 설렌다면 그 일은 천직일 것이
다. 나는 좌석을 꽉 메운 많은 사람들 앞에서 강연을 할 생각만 해도
가슴이 뛰며 행복해진다. 내 꿈은 대중 강연가이다. 아주 어릴 적부
터 나는 연극인이 꿈이었지만 꿈을 쟁취하기 위한 용기를 내지는 못
했다. 아버지께서 "가난한 직업이다. 아무리 꿈이 좋아도 춥고 배고
프면 너 스스로가 지치게 되어있다. 후회할 일이 뻔히 보이는데 그
길을 가도록 가만히 둘 수가 없다."라는 말씀을 그냥 그대로 수용했
다. 당시에는 아버지께 착한 딸로 남고 싶었던 것 같다. 더불어 보란

듯이 연극으로 성공하겠다는 당찬 용기도, 확신도 없었기에 아버지의 반대를 쉽게 수용했으리라. 결국 나는 쉽게 꿈을 져버리고 현실과 타협을 했다. 연극이 아니고서야 그 어떤 직업도 생각해본 적이 없었기 때문에 그냥 취업이 제일 잘 된다는 간호학과에 진학을 했고, 한 대학병원에 입사를 하게 되었다.

그런데 뜻밖에도 사회 초년생으로 첫 발을 내딛는 신입직원 오리엔테이션에서 또 다른 설레는 꿈을 만나게 됐다. 그 꿈은 바로 '강사'였다. 무대에서 사람들과 소통하며 사람들을 감동시키고 변화시키는 직업! 꿈 없이 현실에서 그냥 주어진 대로 살아가던 내 삶에 한 줄기 큰 빛처럼 다가왔다.

이후 나는 중환자실 간호사로 근무를 하면서도 강사가 되고 싶다는 마음을 늘 갖고 지냈다. 그러던 어느 날, 당시 남자친구였던 지금의 남편이 강의를 들으러 가자고 했다. 밤 근무를 한 뒤라 너무도 피곤했지만 '진짜 유명한 사람이 하는 좋은 강의'라고 말하는 남편 이야기에 피곤한 몸을 이끌고 참석했다. 장소는 한 공공기관 대강당이었는데 좌석이 꽉 찼다. 이때 등장한 사람은 당시《꿈이 있는 아내는 늙지 않는다》의 저자 김미경 강사였다. 그녀의 이야기에 모든 사람이 매료되어 웃고, 우는 모습을 보며 온몸에 소름이 돋았다. 그녀의 뒤에서 후광이 비치는 것 같았다. 강의가 끝나자 박수갈채가 이어졌다. 집으로 가는 내내 가슴이 미친 듯이 뛰었다. '그래 바로 이

거다! 나도 꼭 이곳에서 멋진 대중 강연가가 되어 사람들에게 내 이야기를 들려주겠다!'라는 굳은 다짐을 했다. 강의 참석 전에는 밤 근무로 몸이 지쳐있었는데, 강의를 들은 후에는 피로가 말끔히 사라지고 에너지가 샘솟았다. 당시의 다짐을 잊지 않기 위해 3교대 근무를 하면서도 강의를 하나하나 찾아 듣고, TV프로그램을 다운받아 여러 번 반복해서 보곤 했다. 지금은 〈세상을 바꾸는 시간 15분〉, 〈TED〉와 같은 프로그램으로 강의를 쉽게 접할 수 있지만 당시에는 그런 프로그램들이 없었기 때문에 하나하나 찾아 들어야 했음에도 그러한 수고는 하나도 번거롭지 않고 오히려 큰 기쁨이었다.

그렇게 준비 아닌 준비를 하고 있던 차에 원내에서 CS(Customer Satisfaction)강사를 모집한다는 공고를 보게 되었다. 주저 없이 나는 지원했고, 당당하게 1등으로 합격했다. 물론 엄청난 연습과 노력이 있었다. 그러한 연습과 노력은 너무도 행복했다. 근무를 하고 나서 오히려 강의를 준비하는 것은 마음속에 환기할 수 있는 계기가 되었다. 강의하는 게 너무 좋아서 즐기면서 했더니 이번엔 또 다른 기회가 찾아왔다. 바로 CS교육을 담당하는 담당자가 된 것이다. 그렇게도 좋아하는 교육을 1년에 100회 넘게 기획하고 할 수 있으니 얼마나 행복했겠는가.

그렇게 수백 차례 강의를 기획하고, 시행하고 나니 나는 '가르치는 것이야말로 가장 확실하게 배울 수 있는 길'임을 확신할 수 있었다. 많이 배우고 느껴야 내 경험을 감동으로 전할 수 있다. 그저 지식적인 내용을 타인에게 전달하는 형식의 강의는 사람들을 변화시키지 못한다. 교육을 하면서 강사들을 지원하고 양성하는 업무를 하다 보니 강사들이 흔히 하는 착각을 알게 되었다. 강의를 '제대로 정보를 전달하는 일'이라고 착각하는 것이다. 하지만 교육이 거듭되면 거듭될수록 나는 강의가 '전달'하는 일이 아닌 '소통'하는 일이라는 것을 깨닫게 되었다. 강의의 목적은 '변화'이다. 이 변화를 위해서는 청자 자신도 잘 몰랐던 깊숙한 니즈(Needs)를 끄집어내어 소통의 길을 열어주는 것이 필요하다. 강의 초반에는 소통의 길을 열어 초대하고, 강의 중반에는 내 이야기를 들은 청자의 마음을 캐치해서 내 목소리로 다시 이야기를 하며 공감소통을 한 후, 강의 막바지에는 청자 스스로 핵심 메시지를 가지고 가서 자신의 내면과 소통할 수 있도록 여운을 남겨 주는 것. 이러한 소통이 되는 강의야말로 사람들을 변화시키는 좋은 강의라 생각한다.

강의로 소통을 하기 위해서는 자신이 가장 자신 있고, 중요하게 여기는 가치를 메시지에 담는 게 중요하다. 내가 중요하게 여기는 가치는 '긍정과 운'이다. 살아오면서 매 선택의 순간마다 좋은 결과를 이끌어준 것이 바로 '긍정'이었기 때문이다. 그래서 나는 자신감 있게 "긍정적으로 살면 운이 따르게 된다."라고 말할 수 있다. 사람들은 흔히 운이라고 하면 어쩌다 주어지는 우연이라고 생각하는 경우가 많은데, 실제로는 그렇지 않다.

"운은 자신이 만들어 내고 지켜야하는 중요한 요소이다."

밝게 생각하고 선택하는 것을 반복하다 보면 운이 따르는 삶을 살 수 있게 된다. 이제 나는 이러한 메세지를 좀 더 많은 사람들에게 알려주고, 변화시키기 위해서《운이 따르게 하는 습관》의 저자가 되었으며 〈eeroun컨설팅 컴퍼니〉 대표로 사람들의 내면을 변화시키는 일을 하고 있다.

이렇게 내 고유의 콘텐츠를 만들 수 있었던 이유는 삶을 돌이켜 봤을 때 정말 중요시 했던 것, 지속적으로 관심을 가졌던 것, 끊임없이 노력했던 것, 가장 잘했던 것이 무엇이었을지 성찰했기 때문이다. 그러다 보니 마음과 목소리가 하나 되어 주장할 수 있는 바를 콘텐츠로 만들 수 있었다. 사람들이 인생을 바라보는 시각을 조정하고 에너지를 분배할 수 있게 하는 일은 머릿속의 지식 전달만으로는 되지 않는다. 내가 살아왔던 경험, 그 속에 녹아있는 가치들을 나누었기 때문에 가능한 일이다.

세상 사람들은 모두 자신만이 가지고 있는 고유의 메시지가 있다. 살아왔던 인생 경험이 다 다르고, 그 과정 속에서 얻는 지식이 다 다르다. 똑같은 삶을 살아가고 있는 사람들은 단 한 명도 없다.

그렇기에 자신에게는 '평범한 일상'이 그 누군가에게는 '공감이 되고 위로가 되는 메시지'가 될 수 있다. 하지만 대개 사람들은 자신의 삶과 자신이 겪었던 경험들의 가치를 과소평가하는 경향이 있다. 나는 그러한 사람들에게 "당신의 삶이 얼마나 가치 있는 일인지 보라."며 강연 무대에서 증명해내고 싶다. 내 삶의 이야기뿐만 아니라 다른 사람들의 삶의 이야기를 '강의'라는 소통창구로 많은 대중들의 삶을 변화시키는 강연가가 되고 싶다. 그래서 그들도 용기를 내어 나와 함께 무대에 설 수 있도록 돕는 일을 하고 싶다.

지금 책상 앞에는 큰 강연무대 위에서 강의를 하고 있는 강사의 사진이 있다. 이 사진을 볼 때마다 '이 무대에 곧 서게 된다'라며 생생하게 상상하곤 한다. 상상을 할 때면 처음 김미경 강사의 무대를 처음 봤을 때처럼 심장이 두근두근 뛴다. 심장은 이성으로는 판단하지 못하는 뛰어난 분별력을 가졌다고 한다. 무대 사진을 볼 때마다 느끼는 설렘은 꿈이 현실이 되는 날이 분명히 존재한다는 것을 증명하는 신호로 볼 수 있다. 나는 오늘도 이 신호를 감사히 여기며 꿈에 가까워질 수 있도록 힘차고 즐겁게 나아가고 있다.

31

1년 뒤를 상상하며 꿈을 기록하기

- 임원화

〈Immighty company〉 대표, 몰입독서 전문가, 책 쓰기 코치, 1인 기업 멘토
모두의 잠재력을 깨우는 기업 〈임마이티〉 대표로 집필, 강연, 코칭, 칼럼기고, 컨설팅, 특강, 워크숍 등을 활발히 진행하고 있다. 지식과 경험을 나누는 메신저로 다양한 대중들과 소통하고 있으며, 책 쓰기를 기반으로 1인 기업가를 시작하는 이들의 멘토로 활약하고 있다. 저서로는 《하루 10분 독서의 힘》, 《스물 아홉, 직장 밖으로 행군하다》 외 2권이 있다.
- E-mail_ immighty@naver.com
- Blog_ www.dreamdrawing.co.kr

거리에 조명들이 반짝이고, 크리스마스 캐럴이 울려 퍼지는 12월이 성큼 다가왔다. 낙엽이 우수수 떨어지던 가을이 지나가고, 어느새 매서운 칼바람이 코끝을 스치는 겨울이다. 하얀 첫 눈이 내린 날, 따뜻한 커피 한잔이 간절해져 스타벅스에 갔다. 주문을 하고 돌아서는데, 진열되어 있는 2016년도 다이어리가 보였다. '아, 벌써 2015년이 다 갔구나, 시간 참 빠르다'는 생각이 들었다. 나는 2016년이 적힌 빨간 색 다이어리를 샀다.

삶의 위기를 독서로 극복하며 '독서의 힘'을 알리겠다는 소명으로 책을 썼다. 책을 쓰는 과정에서 집필, 강연, 동기부여가 진정한 내 꿈이자 천직이라는 확신이 들어 잘 다니던 대학병원을 사직한 후 1

인 기업가로 홀로서기 했다. 1년이 조금 지난 지금, 새 다이어리도 산 김에 2015년 다이어리를 쭉 살펴보았다. '고작 1년 밖에 되지 않았나?'라는 생각이 들 정도로 일정이 매달마다 빼곡했고, 생각, 감정, 목표들이 복잡하게 적혀있었다.

불과 약 1년 전, 프로그램을 진행할 장소를 임대하기 위해 스터디센터를 알아보러 다녔던 나는 1인 기업가 초년생이었다. 블로그를 통해 프로그램을 문의하는 사람들을 열 명 상담해주면 그중 한 명이 등록했다가 그마저도 비싸다고 취소했다. '임원화'라는 작가가 아니라 책을 쓴 작가라는 타이틀이 필요했던 곳에서 무료로 강연하며 열정을 이용당하기도 했다. 한순간 잘못된 결정으로 큰 손해를 보고, 진심을 다했던 일이 뜻밖의 오해를 사기도 했다. 예기치 못한 일로 실망하고 좌절하며 울기도 많이 울었다.

아무리 힘들어도 이 길을 가겠다는 굳은 결심으로 직장이라는 안전한 울타리를 제 발로 걸어 나왔지만, 1인 기업가가 되어 마주한 세상은 무엇 하나 내 맘대로 되지 않는 '정글'이었다.

대학병원을 퇴사 후, 처음으로 도서관에서 강연하고 받은 첫 강연료가 한 달 생활비였다. 읽고 싶은 책 몇 권을 못 참고 사다보니 그마저도 잔고가 없었다. 춥고 배고파도 이 길을 가겠다며 호기롭게 시작했지만 1인 기업가로 나아가는 여정은 쉽지 않았다. 3개월 만에

4쇄까지 찍을 정도로 첫 책은 선전했지만, 책 한 권의 영향력이 내 생존을 보장하진 못했다.

힘들었다. 오히려 책을 쓰면서 성장했고, 명확한 목표가 생겼기에 마음이 더욱 힘들었다. 어떻게 하면 내가 좋아하는 이 일을 수입으로 바꿔나가고, 좀 더 잘하는 일로 만들며 자립할 수 있을지 매순간 고민했다.

그래서 바로 두 번째 책을 집필해나가며 다시금 닥치는 대로 필요한 책을 읽었다. 콘텐츠, 시스템, 마케팅, 영업, 브랜드, 비즈니스, 트렌드, 자존감, 자신감, 인간관계, 의사소통, 리더십, 의식 확장 등 많은 분야의 책을 섭렵하며 한 달에 50권 가량 읽어나갔다.

또 열렬히 되고 싶은 것, 하고 싶은 것, 갖고 싶은 것 등을 적어나갔다. 구체적이고 명확한 상상을 해야 욕망을 일깨우고 행동을 이끌어낼 수 있기에 1년 안에 이룰 것들을 일단 무작정 적었다. 그 때 적은 것들을 나열해보면 다음과 같다.

1. 중, 고등학교, 대학교, 국가기관, 기업, 단체 등 전국적으로 강연하기
2. 두 번째 책을 1년 안에 꼭 출간해서 베스트셀러 만들기
3. 칼럼기고 및 인터뷰 요청 받고 TV 출연하기
4. 1인 기업가들의 롤모델이자 성공사례 되기

5. 꿈 친구 천만 명을 만드는 드림드로잉프로젝트 1년 안에 3천 명 달성하기

6. 직장인일 때의 월급 2배를 월 수익으로 만들기

7. 흰 색 벤츠 오너 되기

이 목표는 수중에 돈도 없고 딱히 갈 데도 없어 아침 7시에 스타벅스에 매일 출근하다시피 해 커피 한 잔을 시키고 저녁 11시까지 머물렀던 사람의 목표였다. 당시 내 상황을 잘 아는 이들에게 이 목표를 보여줬다면 황당하다고 여겼을 것이다.

하지만 나는 철저히 '이상주의자'가 되기로 했다. 내가 바라는 상황이 이미 온 듯 강연요청도 없는데, 강연 준비를 했고, 크리스마스이브에도 두 번째 책 원고를 쉴 틈 없이 써나갔다. 좋은 칼럼을 꾸준히 접하며 칼럼 요청 시 어떻게 쓸 지를 준비했고, 힘 있는 글을 쓰기 위해 신문 사설 등을 필사했다. 또한 TV에 출연한 명사들의 강연을 동영상으로 꾸준히 접하며 내 모습처럼 여기고 상상했다.

1인 기업에 관련된 책, 스타트 업 창업자들, 1인 창업자의 성공스토리, 부에 관련된 책을 읽으며 바라는 미래를 기준으로 원하는 수입과 라이프스타일, 이루어야 할 비전을 기록하고 상상했다.

내 콘텐츠였던 '책꿈디자인'을 프로그램으로 정착시키기 위해 발품을 팔아가며 홍보했고, 독자들과 한 명 한 명 진심으로 소통했다.

벤츠 매장에 직접 가서 운전대를 잡아보고 사진을 찍으며 생생하게 시각화했다. 꼭 흰 색 벤츠 오너가 될 것이라는 믿음이 많은 일을 행동하게 하는 추진력이 되었다.

결국 나는 1년 만에 앞에서 언급한 7가지를 모두 달성한 사람이 되었다. 현재 전국 곳곳에서 밀려드는 강연 요청에 바쁜 일정을 보내고 있고, 두 번째 책 역시 진솔하고 생생한 기록으로 많은 이들을 1인 기업가로 도전하게 하는 베스트셀러가 되었다.

롯데를 비롯한 기업이나 단체에 칼럼 기고를 하고, 현대 자동차 그룹 사보에 인터뷰가 실렸다. TV〈토크 콘서트 화통〉에 청춘들의 멘토로 출연해서 전국 방송을 탔고, 모두의 잠재력을 깨우는 기업 '임마이티' 대표로 1인 기업가의 성공사례이자 롤모델이 되었다. 프로그램, 특강, 코칭, 컨설팅 등을 활발히 진행하고 있으며, 드림드로잉프로젝트는 어느덧 5천 명의 꿈 친구를 달성했다. 또한 31살에 흰 색 벤츠 오너가 되었으며, 현재 대학병원 간호사 연봉의 약 3배에 해당하는 수입을 올리고 있다.

나는 원하는 것을 이룰 힘은 반드시 내게 있고, 스스로 한계 짓지 않으면 많은 것을 달성할 수 있음을 생생하게 경험했다. 현재의 가능성, 확률 등을 예측하고 분석하는 것은 중요한 게 아니다. 명확하고 구체적인 비전을 설정하고 자기 믿음으로 꾸준히 행동한다면 크게 성장할 수 있음을 확신한다. 다시 한 번 더 내가 바라는 2016년을 그리며 하나씩 목표를 적어보았다.

1. 2015년 최고 액수 강연료의 2배로 2016년 강연하기
2. 2016년 4권의 책을 출간해서 총 8권의 저자되기
3. 영향력 있는 미디어나 공중파 TV 출연하기
4. 드림드로잉프로젝트 총 3만 명 달성하기
5. 2015년 월수입, 연 수입 2배 달성하기
6. 탄탄한 1인 기업가로 더 확실한 시스템 갖추기
7. 〈임마이티〉 기업이 많은 사람들에게 널리 알려지기
8. 연말 1년간 고생한 나에게 롤렉스 시계 선물로 주기
9. 내가 원하는 완벽한 조건의 30평대 아파트로 이사 가기
10. 일과 삶의 균형을 맞추며 건강하고 행복한 2016년 보내기

작가들의 생생한 보물지도는 바로 '책'이다. 나는 지금까지 내 책에 많은 목표와 비전을 선언하며 독자들에게 진솔하게 공유해왔다. 누군가는 이 목표들이 어떻게 1년 만에 이루어질 수 있냐고 반문할 것이고, 누군가는 꼭 이루어진다고 진심으로 응원해줄 것이다.

어느 편에 속하든 중요하지 않다. 일단 내가 그랬듯 되고 싶고, 하고 싶고, 갖고 싶은 것을 1년 뒤를 상상하며 기록해보자. 바라는 것을 구체적이고 명확한 목표로 세우고, 지속적으로 가슴 뛰고 설레는 감정을 유지하며, 굳건한 신념으로 행동한다면 다가오는 2016년

에도 많은 것을 이루고 성장할 수 있을 것이다.

지금 당신이 바라는 2016년은 어떤 모습인가?

32

손님들과 추억이 깃든 카페 만들기

— 신태용

전 직업군인, 자기계발 작가, 1인 기업가
직업군인으로 7년간 생활했다. 작가, 멘토, 강연가가 되어 타인의 삶의 한 페이지를 멋지게 장식
하는 소망을 이루기 위해 노력 중이다. 현재 1인 창업에 대한 저서를 집필하고 있다. 저서로는
《사는 게 더 즐거워지는 40가지 위시리스트》, 《내 생에 꼭 하고 싶은 32가지》가 있다.
• E-mail_ Taeyong1104@naver.com
• Blog_ http://blog.naver.com/taeyong1104

우리나라는 1990년대 후반 스타벅스, 커피빈을 시작으로 카페문
화가 서서히 자리 잡아갔다. 처음 카페가 들어올 때만 해도 카페에
서 커피를 주문하고 혼자 책을 보거나 노트북을 펴고 작업을 하는
광경을 보면 다들 이상한 사람이라고 생각했다. 그뿐인가? 밥값과
맞먹는 커피를 마시는 여자들을 두고 '된장녀'라는 신조어까지 만들
어 비판하며, 비싼 커피를 사먹는 것에 대한 찬반논란이 뜨거웠다.
이런 시기를 지나 지금의 카페는 남녀노소 누구나 스스럼없이 이용
하는 곳으로 자리 잡았다. 카페는 거리 곳곳에 위치하고, 카페에서
혼자 책을 보고 노트북을 이용해 작업을 하는 것도 모두 익숙한 광
경이 되었다.

나 역시도 카페를 자주 이용한다. 직업이 작가이다 보니 다른 사람들보다 작업 공간으로 활용하기 좋은 카페를 많이 찾는 편이다. 작가인 내게 맞는 작업공간은 책을 읽을 조명과 넓은 테이블이 마련되어 있고, 노트북을 언제든지 사용할 수 있는 환경이다. 지금 살고 있는 집에도 서재와 조명을 이용해 작업공간을 따로 마련해뒀지만, 아무래도 집에 있다 보면 온전히 독서나 집필에 신경 쓰기가 힘들다. 그래서 카페를 자주 찾게 된다.

주로 이용하는 카페는 스타벅스다. 우선 테이블이 크고 조명이 밝아 책 읽기에 적합하다. 콘센트가 마련되어 있는 자리도 다른 카페에 비해 충분하기에 노트북을 자주 사용하는 나는 스타벅스를 자주 이용한다. 스타벅스를 계속 이용하다 보니 스타벅스의 문화와 CEO인 하워드 슐츠에 대한 궁금증이 생겼다. 스타벅스에 관련 된 책을 찾아보고 인터넷을 검색해봤다.

스타벅스의 이름은 소설《모비 딕》에 나오는 일등항해사의 이름에서 유래한 것이다. 로고는 그리스 신화 속 사이렌이라는 바다의 요정을 모티브로 만들었다. 사이렌은 아름다운 노랫소리로 항해하는 선원들을 바다로 끌어 들여 빠져죽게 만들었다. 사이렌이 선원들을 바다로 끌어들인 것처럼 커피 맛으로 사람들의 마음을 끌어들이겠다는 의미로 만들었다고 한다. 스타벅스 CEO 하워드 슐츠는 스타벅스 커피의 향과 맛에 반해 회사의 부사장 자리까지 거부하면서 카페사업에 올인했다.

작업 공간으로만 사용하던 카페의 의미를 조금이나마 알게 되니 느낌이 새로웠다.

2015년 스타벅스에서 지정된 열 두 곳의 매장에서 스탬프를 받아 오면 사은품을 주는 이벤트를 진행했다. 여행을 가고 싶다고 생각만 하고, 실천을 못했던 나는 이 기회에 전국의 스타벅스를 돌며 스탬프도 받고, 여행을 해보기로 결심했다.

서울을 시작으로 강릉, 진해, 전주, 부산, 문경, 경주, 저제, 제주까지 일 년 동안 스타벅스 매장 12곳을 돌아다니며 블로그에 기록을 남겼다. 그 지역 특색을 살펴보고, 같은 스타벅스라도 매장마다 주는 고유한 느낌을 느끼고 돌아올 수 있게 되었다. 이 경험으로 카페는 커피를 마시고 수다를 떠는 곳 이상의 의미를 사람들에게 줄 수 있는 곳이라고 생각하게 되었다.

내가 살고 있는 동네에 자주 찾는 작은 카페가 있다. 그 카페에 들어서면 우선 커피 볶는 향이 내 코를 자극한다. 작은 카페만이 줄 수 있는 고요함과 은은하게 퍼지는 커피 향은 느껴본 사람만 알 것이다. 자주 다니다 보니 어느덧 주인과 안면이 트고 안부를 묻는 사이가 되었다. 가격도 저렴하고, 주인도 친절하지만, 자리가 많이 없는 작은 카페에서 오래 있기는 눈치가 보이는 게 사실이다. 그래서 마음만큼 자주 이용하지는 못하고 있다.

한 인터뷰에서 스타벅스 CEO 하워드 슐츠는 스타벅스의 성공에 대해 이렇게 말했다.

"우리는 매일 고객들과 직접 만나고 소통하면서 기존 브랜드를 뛰어넘는 경쟁력을 갖추었다. 우리 제품은 캔에 든 사이다처럼 슈퍼마켓 선반 위에 놓이지 않는다. 우리 파트너들은 고객의 음료와 이름, 그리고 자녀들 이름까지 기억하는 탁월한 능력을 발휘한다."

고객 입장으로 객관적으로 판단했을 때 하워드 슐츠의 말처럼 고객을 대하는 스타벅스는 우리나라에서 찾기 힘들 것이다. 규모가 큰 카페는 아무래도 많은 손님들을 일일이 소통하기가 어려운 것이 사실이기 때문이다. '프랜차이즈 카페와 개인이 운영하는 작은 카페의 장점만을 종합하면 좋을 텐데…'라는 생각을 이때부터 하게 되었다.

카페에 가면 여러 부류의 사람들을 만나게 된다. 친구 혹은 애인과 수다를 떨고 시간을 보내기 위해 온 사람, 카페에서 과외를 하는 사람, 그리고 조별 과제를 하는 대학생들, 나처럼 책을 읽는 사람, 노트북으로 개인적인 일을 하는 사람 등등 그만큼 이제 카페는 우리 문화에서 빠질 수 없는 곳으로 자리 잡았다.

우리 삶의 한편에 카페문화가 자리 잡았지만, 카페를 다닐 때 마다 무언가 허전함이 느껴진다. 바로 인간적인 관계에 대해서다. 가족과 함께 한적한 시골에 있는 무인카페에 간적이 있었다. 그때는 카페라는 개념도 없던 시절이다. 겨울이었던 그때 그 곳에는 난로와 간단한 티백 차, 온수 통에 있는 뜨거운 물과 종이컵이 전부였지만 처음 본 사람들이 모두 난로에 둘러앉자 서로 이야기를 나누기 시작했다. 난로에 고구마를 구워 나눠 먹고 기타를 치며 함께 노래도 부르고 카페 마당에는 모닥불을 피우며 사람들과 어울렸던 분위기의 카페였다. 너무 오래전이라 이제 어딘지도 기억도 나지 않는 그곳에서 잠시나마 느꼈던 사람과의 정이 아직 아련히 기억 속에 남아있다.

오랜 카페 역사를 지닌 유럽의 카페는 유럽 사람들의 일상생활의 한 부분을 차지하고 있다. 프랑스는 스타벅스 같은 커피 프랜차이즈는 유명한 관광지 근처에 몇 곳에만 매장이 있고, 오히려 개인이 운영하는 카페가 훨씬 많다고 한다. 옛날부터 프랑스의 카페는 시민들이 정보를 교환하고 토론을 펼치던 곳이었기 때문에 그런 문화가 아직도 전해지고 있다. 무엇이든 본질을 파악하는 것은 중요하다. 카페도 함께 모여 커피를 마시는 교류의 장으로 생겨났을 것이다.

경남 통영에 가면 울라봉 카페가 있다. 늘 사람들로 붐비는데 이집이 유명해진 것은 바로 '쌍욕라떼' 때문이다. 말 그대로 손님의 주문을 받은 직원이 '장난인거 아시죠?'라는 웃음 띤 얼굴로 커피에 욕을 써서 준다. 차마 입에 담지 못할 욕을 적어주지만, 사람들은 기분 나빠하기는커녕 즐거워하며 돈을 주고 욕을 얻어먹기 위해 줄을 선

다. 재미있는 광경이다. 어쩌면 요즘 각박한 사회에서 자신에게 정
겹게 욕이라도 한마디 건네주길 바라는 마음에서 사람들이 울라봉
카페를 찾는 것은 아닐까?

술집과 식당을 둘러보면 주인과 서로 사생활을 말하고 스스럼없
이 지내는 손님들을 볼 수 있지만, 카페는 그런 분위기가 없는 것 같
아 한편으로는 아쉽다. 카페를 찾는 사람들 중에 커피 맛보다는 카
페의 문화를 즐기기 위해 찾는 사람들이 많다고 생각된다. 꼭 커피
를 마시기 위해 들리는 곳이 아니라, 서로 필요한 존재가 되는 그런
카페를 하나 운영하고 싶다. 춥거나 덥다면 잠시 들러 쉬어갈 수 있
고, 책이 없어도 편한 마음으로 들러 카페에 있는 책도 하나 꺼내 읽
을 수 있는 부담 없는 휴식처 같은 카페를 운영하고 싶다.

내가 운영하는 카페는 단순히 커피만 파는 것에 그치지 않고, 그
이상의 무언가를 나눌 수 있는 곳이었으면 좋겠다. 돈과 가게의 확
장만을 꿈꾸는 것이 아닌 서로의 추억을 공유하고 커피 향보다 더
진하게 풍기는 사람 향이 가득한 카페로 사람들에게 기억되고 싶다.

33

사랑하는 아들과 함께 세계여행하기

― 조경애

〈조경애 미래경영연구소〉 대표, 자기계발 작가, 동기부여가, 성공학 강사
현재 〈조경애 미래경영연구소〉 소장이자 1인 기업가로 성공한 여성CEO다. 자신의 무지함을 깨
닫고 직장에 사표를 던진 후, 3년 동안 도서관에서 생존독서를 시작해 인생의 깨달음을 얻었다.
또한 생존 책 쓰기를 통해 《관점을 바꾸면 인생이 달라진다》, 《당신의 운명을 바꾸는 보물지도》를
출간했고, 현재는 세 번째 저서를 탈고 중에 있다.

나는 시간이 날 때마다 교보문고를 방문한다. 신간 서적을 뒤적
이기도 하지만 요즘은 여행에 관련된 책을 많이 찾아본다. 옛날부터
여행을 하고 싶었지만 힘든 생활로 인해 여행은 꿈도 꿀 수 없었다.
인생을 살면서 수많은 시련과 역경이 있었지만 무릎 꿇지 않았다.
오히려 역경의 정점에서 관점을 바꾸고, 꿈을 향해 나아가니 인생이
조금씩 바뀌고 생각의 여유도 생겨나기 시작했다.

그러던 중 케이블 방송 tvN 〈꽃보다 할배〉 재방송을 보면서 잃어
버렸던 여행에 대한 꿈이 다시 움트기 시작했다. 〈꽃보다 할배〉는
연세가 지긋하신 할아버지들이 세계여행을 하는 프로그램이다. 케

이블 방송임에도 불구하고 엄청난 인기를 한 몸에 받았다.

〈꽃보다 할배〉는 엄청난 인기를 누리면서 〈꽃보다 누나〉, 〈꽃보다 청춘〉으로 이어지기도 했다. 이 시리즈의 콘셉트는 '여행'이 키워드다. 개성이 서로 다른 사람들끼리 모여 세계여행을 하는 모습을 그려냈다. 이 시리즈를 보면서 너도 나도 세계여행을 꿈꾸는 사람들이 생겨났다.

그리고 또 여행을 주제로 한 〈아빠! 어디 가?〉는 아빠와 아이들이 함께 여행을 하며 가족의 사랑을 느끼는 프로그램이다. 이 프로그램을 시청하면서 20여 년 전 이혼하며 헤어졌던 아들 생각에 눈시울이 붉어졌다.

이혼 당시 아들과 함께 나오고 싶었지만 종손이라 시댁에서 절대 데려가지 못하게 했다. 친정 부모님도 능력이 없는 나를 나무라면서 적극적으로 반대했다. 그때 아무런 능력이 없는 내 자신이 죽도록 미웠다. 하지만 내가 원할 때는 언제라도 볼 수 있도록 단서를 달았기에 눈물을 흘리며 돌아섰다.

그러나 시간이 흐르자 나의 결정이 잘못된 것을 알았고 주체할 수 없을 정도로 가슴을 치며 후회했다. 나는 아들과 함께 있고 싶은 마음에 아무런 대책도 없이 아들을 데리고 잠적했다. 누구도 찾을 수 없는 외딴 곳에 갓 두 돌이 된 아들과 숨어 살게 되었다. 혹시라도 아이를 다시 빼앗기게 될까 거의 2년 동안 친정에도 연락하지 않았다. 그러자 주민등록은 말소되고 내 이름으로는 아무것도 할 수 없었다.

　돈이 없어도 아들과 함께 살면 행복할 줄 알았는데 아빠 없이 자라는 아들을 보니 마음이 아팠다. 돈이 없으니 아들에게 잘해주지도 못했고 남들처럼 아빠와 함께 놀이동산에도 갈 수 없었다. 제일 마음이 아팠던 것은 놀이방에 보냈을 때였다.

　"엄마, 유치원은 큰데 우리 집은 왜 작아?"라고 물으며 아들은 놀이방을 유치원으로 알고 있었다. 나는 그 말을 듣자 가슴이 철렁 내려앉는 것 같았다. "그래, 우리도 큰집으로 이사 갈까?"라고 했더니 아들은 바로 "응"하며 즐거워했다.

　자라고 있는 아들을 보면서 나의 마음은 죄를 짓고 있는 것같이 무겁고 아팠다. '아들아, 너의 아빠 집은 네가 다니는 놀이방보다 훨씬 더 커단다. 이 엄마 때문에 네가 고생하는구나. 미안하다.' 나의 잘못된 모정 때문에 우리 아들 장래를 망치면 안 된다는 생각이 들었다. 이것도 모두 나의 부질없는 욕심 때문에 아들을 고생시키는 것이었다. 이런 생각이 들자 학교에 가기 전에는 아빠에게 보내 제대로 교육을 시켜야겠다고 마음먹었다.

　아들과 둘이 산지 2년 정도 지나자, 이제 좀 조용해졌을 것 같아 친정에 전화했다. 전화통화 결과 역시 남편은 1년 동안 친정에 들락날락 하면서 아들을 내놓으라고 행패를 부렸다. 하지만 이제는 오지 않는다고 놀러오라고 친정엄마는 말씀하셨다. 나는 아무 의심 없이 아들에게 꼬까옷을 입히고, 멋진 모자도 씌워서 친정에 가서 재미있게 놀다왔다.

그런데 며칠이 지난 후 갑자기 시댁식구들이 들이닥쳤다. 나중에 안 사실이지만 친정엄마는 혼자서 어린 아들을 키우는 딸이 안쓰러워 시댁에 연락했던 것이었다. 시어머니와 시누이는 우리가 살고 있는 방을 둘러보며 눈물을 글썽였다. 시누이가 그동안 잘해주지 못해 미안하다고 던지는 한마디에 눈물이 터져버렸다. 그리고 시어머니와 정신없이 이야기를 나누고 있는 사이 시누이가 아들을 빼돌렸다. 모든 것은 순식간에 일어났고, 정신을 차렸을 때는 이미 아들은 차에 태워졌다.

차가 떠나면서 아들이 엄마를 부르며 울부짖었다. 그런데 아들을 그들에게서 빼앗아 올 수가 없었다. 그저 발만 동동 굴리며 떠나가는 아들만 지켜보며 눈물을 흘릴 수밖에 없었다. 나의 모정을 앞세워 아들에게 해를 줄 수 없었다. 아무것도 가진 것이 없는 엄마보다는 아빠가 더 잘 키울 것이기에 언젠가는 아빠에게 데려다주기로 생각했었기 때문이다. 하지만 그날이 그렇게 빨리 올 줄은 몰랐다. '아들이 클 때까지 다시 만나서는 안 된다. 내 욕심을 채우고자 다시 또 만난다면 아들의 마음에 혼란과 상처만 남길 뿐이다'라고 몇 번이나 다짐하고 또 다짐했다.

아들과 헤어진 후 더욱 더 마음을 잡지 못해 많이 헤매고 방황했다. 그 수많은 세월을 실패의 연속이라고 할 만큼 넘어지고 깨지면서 인생의 낙오자로 살았다. 그러면서 사기까지 당하자 나의 삶은 그것으로 끝이 난 줄 알았다. 다시 재기한다는 것은 거의 불가능했었기 때문이다. 다시 태어나야 인생을 새로 시작할 줄 알았던 삶이 책을 통해 나에게도 길이 열렸다.

세월은 흘렀지만 지옥의 문턱에서 다시 돌아온 나에게 꿈이 생겼고 희망도 가지게 되었다. 그래서 3년 동안의 생존독서와 생존 책 쓰기를 준비했다. 그리고 〈한책협〉를 통해 책 쓰기를 본격적으로 배우기 시작했다. 그 결과 《당신의 운명을 바꾸는 보물지도》와 《관점을 바꾸면 인생이 달라진다》를 출간했다.

이제 20여 년의 세월이 흐른 지금 아들의 모습은 얼마나 변했을까? 지금은 어엿한 청년이 되었을 것이다. 아들이 너무 그립고 보고 싶다. 지나온 20여 년의 벽을 허물기 위해 아들과 함께 여행을 떠날 수만 있다면 얼마나 좋을까. 나는 태어나면서 지금까지 해외여행은 단 한 번도 간 적이 없다.

요즘은 학생들의 졸업여행도 해외로 가는 추세다. 이제 해외여행은 누구나 마음만 먹으면 저렴한 비용으로 갈 수 있다. 그래서 나도 앞으로는 세계여행을 많이 다녀야겠다고 생각했다.

이제 그 해외여행을 아들과 함께 떠나고 싶은 바람이다. 최소한의 필요한 물품만 챙겨서 떠나는 오지여행이나 크루즈를 타고 떠나는 선상여행도 있다. 이러한 여행들을 상상만 해도 입가에는 저절로 미소가 머금는다.

배낭여행은 비용이 많이 들지 않기에 많은 사람들이 선호하고 있다. 하지만 크루즈 여행은 비용이 많이 들기에 상류층 사람들의 전유물이라고 생각한다. 그러나 크루즈 여행도 조금만 생각을 달리하면 많은 혜택을 받을 수 있다. 성수기보다 비수기를 이용하거나 선실의 위치에 따라 비용이 달라지는 것이다. 이를 잘만 이용하여 일정을 잡는다면 저렴한 비용으로 여행을 할 수 있다.

또한 선실의 가격이 다르지만 배 안에서 누릴 수 있는 혜택은 모든 사람들이 동일하다. 나이 많은 어른이나 어린 아이들까지 모두 즐길 수 있는 시설이 배 안에 갖추어져 있다. 중간에 정박하는 항구에서는 자신들이 원하는 관광을 하거나, 관광하기 싫은 날은 하지 않아도 된다. 이는 다른 패키지여행과는 다르게 자신이 선택할 수 있는 것이다. 그리고 매일 육지로 떠났다가 다시 돌아올 수 있는 이동하는 안식처가 있다. 그래서 새로운 장소로 이동할 때에도 짐을 다시 꾸릴 필요가 없는 것이 크루즈 여행의 매력이다. 이런 장점들 때문에 많은 여행가들이 크루즈 여행을 꿈꾸고 있다.

나 역시 매일 조금씩 이동하며 새로운 풍경을 만나면서도 돌아갈 수 있는 안식처가 바다 위에 있다고 생각하니 가슴이 뛴다. 이 모든 것들을 아들과 함께하며 좀 더 많은 추억을 만들고 싶다. 지금까지 함께 있어주지 못한 아픔과 슬픔을 모두 함께 바다에 던져버리고 올 것이다.

그리고 지나온 세월 동안 아들과 함께 있어 주지 못한 아픈 마음을 치유해주고 싶다. 지나온 과거에 머물지 않고 미래를 위한 행복한 추억을 남길 것이다. 이 모든 것을 아들과 함께 하는 크루즈여행을 통해 새로운 인생을 만들어가는 것이 나의 바람이고 꿈이다. 하지만 자신의 바람을 마음속으로만 간직하고 있다면 어떤 여행길이든 떠날 수 없을 것이다. 그래서 이제는 더 늦기 전에 사랑하는 아들과 함께 험난한 길이라도 떠날 것이다. 그 길이 지금은 자갈길이라도 앞으로 인생을 살아갈 디딤돌이 되어줄 것이다.

34

많은 이들에게 힘을 주는 글을 쓰기

— 김새해

화가, 사진작가, 칼럼리스트, 희망 멘토, 〈김새해 희망연구소〉 대표
어릴 적부터 청각 장애인과 생활하며 의사소통의 수단으로 그림을 그렸고, 24개국을 오가는 다채
로운 삶의 여정 속에 성장했다. 배우고자 하는 아이들이 마음껏 공부하는 '희망 꿈 학교' 설립을
준비 중이다. 저서로는 《내가 상상하면 꿈이 현실이 된다》가 있다.
• Blog_ http://blog.naver.com/saehaehope
• Facebook_ https://www.facebook.com/hopeasia/

나의 20대는 참 쉽지 않았다. IMF의 여파로 집이 어려워져 내 의
지와 관계없이 한국을 떠나야했기 때문이다. 나는 겉으론 명랑하고
씩씩해보였지만 말도 안 통하는 타지에서 정식 비자도 없이 적성에
맞지 않는 노동을 하며 지냈기에 마음고생이 심했다. 그러나 당장의
생활비를 벌기 위해, 밀린 학자금 대출을 갚기 위해, 아버지 병원비
를 대기 위해 하루라도 쉴 수 없이 일을 했다.

삶은 참 파란만장했다. 그러나 어떤 상황에서도 매일 조금씩 나
아질 것이라는 믿음으로 버티고, 또 버텼다. 그러자 많은 것이 변했
다. 삶의 고비를 넘을 때마다 생각지도 못한 이들에게 도움을 받았
고, 새로운 기회를 발견했고, 결국 더욱 강해진 나를 만나게 된 것이

다.

나는 이런 경험을 통해 얻게 된 교훈을 전하고 싶어 책을 쓰기로 결심했다. 죽을 만큼 힘들어하는 이들에게 나의 이야기가 조금이라도 위로가 되면 좋겠다고 생각했던 것이다. 처음 해보는 책 쓰기여서 쉽지 않았지만, 결국 해냈다. 그리고 2014년 5월 드디어 개인저서《내가 상상하면 꿈이 현실이 된다》가 출간되었다. 나는 내 책을 손에 쥐고는 비죽비죽 터져 나오는 미소를 감출 길이 없었다. 이런 날이 오다니!

어느 날 출판사에서 홍보용 영상촬영을 한다고 연락이 왔다. 마침 그날은 KBS 굿모닝 팝스 인터뷰까지 잡혀있었다. 나는 들뜬 마음으로 예쁘게 메이크업도 받고, 머리손질까지 마쳤다. 한껏 꾸미고 거울을 보니 마치 다른 사람이 된 것 같았다. 간만에 하는 외출이라 혹시나 하는 마음에 빳빳한 5만 원짜리와 만 원짜리 신권 여러 장으로 지갑을 불룩하게 채웠다. 명절 때 받고 서랍 속에 넣어둔 귀한 신권들이 그날 드디어 세상구경을 했다.

흔들리는 지하철 1호선을 타고 약속장소로 향하며 나는 이게 꿈인가 생신가 하는 생각에 볼을 꼬집어보았다.

'진짜 내가 책을 썼어! 내 이야기로 책 한 권을 채운 거야! 완전 대박이다!'

그 날 지하철 속 햇살은 따갑고 공기는 건조했다. 나는 가방에서 핸드크림을 꺼내 양 손등에 발라 문질렀다. 잔잔한 꽃향기가 코끝에 닿았다. 신기했다. 이제껏 식사는커녕 물 마실 시간도 없이 살아왔는데, 내 책을 내고 이렇게 차려입고 인터뷰까지 하게 되다니! 고된 노동으로 지칠 때 그토록 바라던 꿈들이 모두 이루어진 현실 속에 내가 있었다. 순간, 부모님과 도와주신 많은 분들의 얼굴 그리고 수많은 기억들이 스쳐 지나갔다. 감사하고, 또 감사했다.

나는 빈 좌석에 앉아 스마트폰으로 독자들이 내 책을 읽고 남긴 서평을 검색해보며 신기해하고 있었다. 그때, 남루한 행색의 마르고 지쳐 보이는 얼굴의 부부가 작은 상자를 끌고 저쪽 칸에서 이쪽 칸으로 다가왔다. 열심히 무언가를 외치고 있다.

'잡상인인가?'

사람이 거의 없는 낮 시간대임에도 불구하고 부정확한 발음 때문인지 정확히 알아듣기 어려웠다.

"볼펜 팝니다. 6자루에 천 원입니다."

얼굴빛이 어두운 아저씨가 멘트를 하면, 작고 깡마른 아주머니가 부지런히 좌석을 돌며 사람들에게 볼펜을 보여주었다. 안색도 좋지 않은 부부가 저렇게 다니는 걸 보니 마음이 좋지 않았다. 그러나 볼펜을 사고 싶진 않았다. 내게 필요한 물건도 아니었고, 지하철에서 물건을 팔고 사는 건 불법이기 때문이다.

'불쌍한 행세를 하는 이들 중 가짜도 많아. 속지 말자.'

아저씨와 아주머니는 계속해서 볼펜을 권하고 있었지만 승객들은 나와 비슷한 생각을 하는지 아무도 볼펜을 사려고 하지 않았다. 순간 아저씨의 웅얼거리는 멘트 소리가 갑자기 또렷하게 들려왔다.

"이 볼펜을 팔아야 우리 딸아이 치료를 합니다. 우리 아내도 치료를 받습니다. 이 볼펜을 팔아야……."

나는 갑자기 코끝이 찡해졌다. 나도 예전에 저렇게 지푸라기라도 잡고 싶은 심정으로 사람들에게 도움을 요청한 기억이 있었다. 말속에 담긴 절박함이 심장을 찌르는 것 같았다. 아저씨는 부정확한 발음으로 계속해서 멘트를 이어갔다.

사람들은 여전히 미동도 하지 않았다. 아저씨는 절규하듯 같은 말을 반복하고 있었고, 아주머니는 볼펜 사기를 거절하는 승객들을 지나치며 점차 내 곁으로 가까이 다가오는 중이었다. 그때였다. 아주머니의 창백한 얼굴, 앙상한 손목이 눈에 띄었다. 마치 나무껍질

처럼 퍼석하고 거친 모습이었다. 그 모습을 보자, 마음이 요동치기 시작했다.

'에이, 모르겠다. 이럴 땐 마음 가는 대로 하자.'

나는 가방에서 지갑을 꺼내 잠시 바라보고는 눈을 질끈 감았다. 그리고 가지고 있는 지폐를 전부 꺼내 아주머니의 손에 쥐어 드렸다.

"네?"

굽은 자세로 사람들에게 볼펜을 돌리던 아주머니는 내가 꺼낸 신권 여러 장을 보고 깜짝 놀란 기색이었다. 그제야 온종일 굽어 있던 허리를 펴고 잠시 멈추어 나를 빤히 쳐다본다. 피곤함이 역력한, 그러나 선하고 맑은 눈망울이다.

"받아주세요. 볼펜은 괜찮아요. 집에 볼펜이 많아서요."

아주머니는 멍한 얼굴로 내 얼굴을 계속 바라보다 갑자기 고개를 숙이셨다. 그리고 머리가 땅에 닿을 듯 그렇게 여러 번이나 인사하셨다. 아주머니의 눈가에 눈물이 그렁그렁하게 맺히고 말았다. 아주

머니는 뭐라고 계속 말씀하셨다. 장애가 있으신지 발음이 부정확했
지만 뜻은 정확히 전달되었다.

"감사합니다. 감사합니다."

나는 그 모습을 보고 두 눈에서 눈물이 펑펑 쏟아질 것 같았다.
그러나 울어서 화장이 지워질까봐 입술을 꼭 다물고 겨우 참아내었
다. 드린 돈은 비록 많진 않았지만 꼭 아주머니와 딸이 치료받는데
도움이 되길 바라는 마음이었다.

인터뷰와 촬영을 무사히 마치고는 집으로 향하는 길에 택시를 탔
다. 내릴 때가 되어 지갑을 꺼내 쳐다보고는 웃음을 참지 못했다. 지
갑은 카드 한 장과 신분증만 남긴 채 텅 비어버린 상태였다.

'아, 맞다. 아까 1호선! 하하하'

오래간만의 외출에서 아끼던 신권 여러 장을 홀랑 다 줘버리고
빈털터리가 되었다는 게 아무리 생각해도 너무도 재미있어 나는 한
참동안 웃고 있었다.

유엔난민기구의 글로벌 특사인 배우 안젤리나 졸리는 지난 해 시
리아 난민촌을 방문해 어린이들에게 이런 말을 남겼다.

"아이야, 너는 불쌍해서가 아니라 이 나라의 미래이기 때문에 도움이 필요한 거야."

살다보면 누구에게나 도움이 필요한 순간이 온다. 나 또한 수많은 이들의 도움으로 새로운 관점으로 삶을 바라보게 되었다. 그렇기에 그날의 작은 나눔이 더욱 행복하게 기억된다.

나는 삶의 파도에 휘말려 자꾸 움츠려드는 이들에게 작은 힘이 되고 싶다. 그래도 포기하지 않고 한걸음만 더 나아가자고 말하고 싶다. 기회가 될 때마다 사람들과 나누며 많은 이들이 보다 나은 삶을 꿈꾸도록 힘을 주는 글을 쓰고 싶다. 이 세상의 모든 사람은 존중받으며 사랑받고, 행복해야 하기 때문이다.

35

영감을 창조하는 호텔 설립하기

— 김우선

〈브랜벌스〉 대표, 퍼스널브랜딩 컨설턴트, 이미지메이킹 강사, 자기계발 작가
고객의 마음과 기업의 철학을 이어주는 브랜딩 솔루션을 통해 다양한 산업군의 브랜드를
창조하는 브랜드 컨설턴트이며, 〈브랜벌스 아카데미〉를 통해 개개인의 장점을 발견해 퍼스널
브랜딩 및 1인 창업 브랜딩을 돕는 멘토링을 하고 있다. 저서로는《직장인을 위한 1인 창업공부》,
《어떻게 나를 차별화할 것인가》,《행복은 생각보다 가까이에 있다》등이 있다.
• E-mail_ brandverse@naver.com
• Homepage_ www.bvacademy.co.kr

"낯선 곳에서 안심할 수 있는 시간과 공간의 만남."

일본의 건축가이자 기록가인《여행의 공간》의 저자 우라 가즈야
에게 여행이란 게스트룸을 측량하는 호텔 탐험이다. 그는 세계 곳곳
의 호텔들을 탐험하는 여행가이자 호텔룸의 세세한 측량과 구체적
인 스케치 기록을 독자들과 나누는 작가이다. 그가 생각하는 가장
아름다운 공간이란 '세심한 배려와 조심스러운 서비스를 고스란히
담아 전하는 삶에 대한 예술'이라고 한다.

'나는 어떤 공간에서 가장 행복한가?'

나는 낯선 공간에서 느껴지는 새로운 감각과 분위기를 참 좋아한다. 내가 경험해보지 못한 익숙지 않은 공간에서 우러나오는 분위기, 한 번도 만나본 적 없는 사람들의 일상, 들어본 적 없는 음악이 잔잔히 흘러나오며 따뜻한 환영인사가 있는 호텔 로비는 항상 나의 호기심을 자극한다. 마치 이 호텔의 숨겨진 보물을 찾을 수 있을 것 같은 설렘을 가지고 나는 새로운 공간과 첫인사를 나눈다. 한 번도 와본 적이 없는 낯선 공간에서 느껴지는 친근한 편안함이라는 것은 나의 마음을 빼앗을 정도로 매혹적이다.

나는 호텔의 아침을 참으로 좋아한다. 마치 어렸을 적에 타임머신을 타고 다른 공간과 시간에 놓여있는 것을 상상하는 것처럼, 아침에 눈을 뜨면 내가 낯선 공간에 놓여있다는 자각을 하면서 슬며시 기분 좋은 웃음이 나기 때문이다. 매일매일 친숙하게 생활하고 있는 일상공간을 벗어나 새로운 공간과 시간에 놓여있다는 것은 나를 들뜨게 한다.

아침 일찍 일어나 산책로를 걸으며 기분 좋은 웃음과 소소한 눈인사로 아침인사를 나누다보면 날 것의 나 자신을 마주하는 느낌이 든다. 사회라는 정해진 격식의 틀에 매어 지내는 사람이 아니라 그냥 자연 그대로의 내 모습을 만나는 것 같은 편안함이 느껴지기 때문이다.

세부에 있는 샹그릴라 리조트는 '환대'라는 그들의 철학이 잘 배어나는 호텔이다. 휴양리조트로 바다를 끼고 있는 드넓은 자연환경뿐 아니라, 그 공간을 채우고 있는 필리핀 사람들의 웃음에서도 충만한 따스함을 느낄 수 있다.

세부의 샹그릴라가 청순한 여자 같은 느낌이라면, 상해의 샹그릴라 호텔은 클래식하고 우아함을 지닌 도시여자 같은 느낌이다. 같은 호텔이어도 위치하고 있는 지역에 따른 차이가 분명히 존재하기 때문에 같은 색을 느끼기는 어렵다. 일관성 있는 브랜드 경험을 할 순 있지만, 그 공간을 채우는 분위기는 나라마다 도시마다 문화별로 다양하기 때문이다. 이 또한 호텔 브랜드만이 가질 수 있는 큰 매력이라고 생각한다.

브랜딩 일을 하면서 나는 운이 좋게도 한 번도 만나기 힘들다는 호텔 프로젝트를 동시에 3개나 진행했었다. 프로젝트를 진행하는 동안 나는 전 세계의 호텔그룹들을 둘러보며 그들의 철학과 신념, 디자인과 공간의 미학을 하나씩 알아가게 되었다. 그들의 문화에서 혹은 그들의 삶 속에서 구현되고 있는 공간에 대한 라이프스타일을 원 없이 들여다봤다. 5성급 호텔이 가진 규모감과 고급감에서부터 부띠끄 호텔이 가지는 디테일의 세분화까지 사람들이 즐기는 공간에 대한 모습들을 가까이서 들여다보고 고민해보는 뜻 깊은 시간을 보냈다.

나는 호텔프로젝트를 진행하면서 그들이 표현하고자 하는 기업의 철학과 비전, 사람에 대한 배려와 관심, 그들이 고객에게 주고 싶어 하는 최종경험을 위해 끊임없이 노력하는 모습들을 배워갈 수 있었다.

나는 브랜드가 세상의 아름다움을 더하는 일이라 생각한다. 이 아름다움을 보여주는 복합공간인 호텔 역시 사람들에 대한 배려의 디테일이 곳곳에 숨겨져 있는 가장 멋진 공간이다. 휴식과 일탈을 위해 떠난 사람들, 비즈니스를 위해 멀리 온 사람들, 가족과의 행복한 시간을 찾는 사람들 모두에게 '행복한 편안함'을 주는 공간이 바로 호텔이기 때문이다.

어렸을 적에 지내던 우리집은 단독주택이었다. 초여름이면 넝쿨장미에 둘러싸인 우리집 정원은 참으로 아름다웠고, 아빠가 손수 디자인해 건축한 두 번째 집은 해가 지면 소나무 그림자가 달빛을 받아 자태를 뽐내는 그림같이 아름다운 집이었다. 특히, 나는 거실 통창문에 걸터앉아 비가 오거나 눈이 오는 것을 보며 끄적거리거나 책을 읽는 것들을 참 좋아했었다.

우리집엔 어린아이라고는 나밖에 없었기 때문에, 집안의 어느 공간에서 놀이를 하여도 나에게 허락되지 않는 공간은 없었다. 어른들의 공간을 책으로 집을 쌓거나, 인형이나 장난감들로 만든 무엇인가를 가지고 내 공간으로 만들어 참 재미있게 놀았었던 것 같다.

20대 친구들이 패션잡지를 즐겨볼 때 나는 인테리어 잡지를 즐겨보며, 한 달에 한 번 잡지가 발행되어 나에게 오는 그날들을 손꼽아 기다렸었다. 공간을 꾸미는 아이템 하나하나, 그 공간의 분위기를 구성하는 디테일을 보며 아름다움에 빠져드는 것을 즐겼고, 스크랩했고, 동경했다. 특히나 건축가가 멋진 공간을 건축하거나, 인테리어 전문가가 새롭게 공간을 리디자인 했거나, 혹은 공간 안에 소품을 통해 전혀 다른 모습으로 담아내는 표현방식을 보게 되면 나는 큰 경외심을 가지게 되었다.

어려서부터 아빠께 들었던 공간의 크기가 마음의 크기가 된다는 말씀을 듣고 자라서인지 모르겠지만, 아름다운 공간에서 생활하고 싶다는 욕심은 언제나 내게 머문다.

일본 최대규모의 컬처 컨비니언스 클럽의 마스다 무네아키 대표는 과감하게 남들이 시도하지 않는 모험을 선택하여 새로운 세계를 보여주는 창조적 기업가이다. 그는 1980년대 변화하는 일본 시장을 간파하여 단순한 물건이 아닌, 변하지 않는 고객가치를 찾아내 라이프스타일을 제안하는 소통의 공간을 만들어냈다. 즉 본질과 새로움을 조화시켜 멀티 패키지 스토어라는 'TSUTAYA'를 창업했다. 많은 제품의 구색이 중요한 것이 아니라, 고객이 원하는 제품을 찾을 수 있도록 만들어주는 것을 고객가치라 확신했다. 그는 제품이 아니라 라이프스타일을 판매한다. 자신이 지향하는 라이프스타일을 발견할 수 있는 기회와 장소를 제공하고 싶다는 것이 츠타야의 시작이자 변함없는 본질적 가치가 되었다.

나는 호텔이 갖는 가장 큰 매력은 머무는 사람들에게 주는 '창조적인 영감'이라 생각한다. 호텔이 가진 각기 다른 개성으로부터 취향의 다양함을 느낄 수 있고, 사람과 사람간의 특별한 릴레이션십을 일으켜 자연스럽게 그 공간 안으로 스며들게 하는 것이 바로 호텔이라 생각한다. 내가 호텔 CEO 라는 큰 꿈을 그리며 채워가고 있는 나의 호텔 안에는 이런 생각과 상상력들이 하나둘씩 채워져 가고 있다. 나는 고객 스스로가 공간에 압도되는 것이 아니라 공간을 장악하고 누릴 수 있는 그런 매력적인 가치를 지닌 호텔을 만들어가고 싶다.

낯선 장소에서 오는 영감들은 사람들에게 '새로운 기회'와 '행운'을 제공해 줄 수 있다.

변화는 자연스럽게 오되, 그 안에서 스스로의 무엇인가를 발견해 나갈 수 있는 그런 영감을 주는 호텔을 만들고 싶다. 고객경험의 종합선물이 바로 호텔 브랜드가 가지는 특성이듯이, 내가 계속적으로 세상을 아름답게 만들어가는 특별한 공감과 소통의 경험을 그대로 나의 호텔에 녹여내고 싶다.

내가 만들어갈 호텔은 사람에 대한 배려가 자연스럽게 녹아있고, 누군가에게 영감을 주는 라이프스타일이 살아있었으면 한다. 디테일이 스며든 디자인 감각과 공간의 사이사이를 메워주는 음악이 부드럽게 이어지는 그런 호텔이었으면 좋겠다. 그 공간 안에 하나로

연결되는 사랑의 가치를 고스란히 담아 항상 사람에 대한 존중과 따스함이 느껴지는 멋진 호텔을 만들고 싶다. 세계 어느 곳에서 나의 호텔을 만나더라도 더없이 편안함과 신선한 새로움을 느낄 수 있도록 '영감을 창조하는 살아있는 공간'이 바로 내가 그리는 호텔이다.

36

아픔을 빛으로 승화시키는 일류 시인되기

— 김나리

시인, 작가, 동기부여가
직장생활 7년 차 불안한 청춘이 드디어 꿈과 마주했다. 청춘의 아픔과 일상을 노래하는 젊은
시인을 꿈꾸며 데뷔를 준비하고 있다.
- E-mail_ cutenari89@naver.com
- Blog_ http://blog.naver.com/cutenari89

　　처음부터 시인을 꿈꿨던 것은 아니었다. 초등학교에 입학하기 전
부터 중학교 때까지 피아노를 배웠다. 그 시작은 너무도 오래되 기
억조차 나지 않지만, 아마 추측하기에 내 의지와는 상관없이 부모
님의 손에 이끌려 시작하게 됐을 것이다. 그렇게 8년 동안 피아노
를 배우면서 하기 싫을 때도 있었지만 대부분은 미래의 피아니스트
가 된 나의 모습을 떠올리며 설레는 마음으로 행복하게 피아노를 쳤
었다. 어느 정도 실력이 쌓이자 더 이상 학원에서 일반 선생님께 가
르침을 받을 수 없는 상황이 되었다. 그리하여 외부에서 영입해오는
실제 피아노 전공자로 활발히 활동하고 있는 선생님께 수강료를 두
배 가까이 더 내고 배워야 하는 상황이 온 것이다. 그 당시 무리한

아파트 대출로 부모님의 싸움은 잦으셨고, 말 잘 듣는 착한 큰딸은 또다시 부모님의 손에 이끌려 8년 동안 늘 장래희망 1순위였던 피아니스트의 꿈을 허무하게 내려놓았다.

그 뒤로 꿈이 없어진 나는 친구들이 내가 얘기할 때 웃어주고, 웃기다고 말해주는 것이 좋아서 개그우먼을 꿈꾸기도 했었고, 노래를 잘해 종종 학교 수업시간에 선생님이 노래를 시키기도 하셨다. 그때마다 주체할 수 없는 가슴의 두근거림으로 노래에 대한 열망이 치솟아 학교 축제 때마다 무대에서 노래를 부르고, 나조차도 깜짝 놀랄만한 열렬한 환호성과 상을 받아 잠시 가수를 꿈꾸기도 했었다.

그러나 그뿐이었다. 8년 동안 꿈꿔왔던 피아니스트의 꿈을 허무하게 부모님께 내놓을 만큼 나는 욕심이 없었다. 게다가 잔병치레가 많아 학창시절 내내 개근상 한 번 받지 못한 몸도 마음도 약한 아이였다.

그렇게 꿈도 야망도 없이 나는 시간에 떠밀려 고등학교에 진학하게 되었다. 맞벌이하시는 부모님은 돈과 성격 차이 때문에 다투시지 않는 날이 없었고, 나도 뒤늦은 사춘기가 찾아와 모든 것들이 삐딱하게 보여 불안하고 위태위태한 시간들을 보내고 있었다.

그 무렵 스무 살 성인이 되기 전 마지막 코스인 고등학교는 학생들을 무사히 사회로 내보낼 요량으로 진로상담에 박차를 가했다. 꿈이 없는 나는 사회로 나가기 싫었고, 진로상담도 마음에 들지 않았다. 점점 삐딱하게 학교생활을 하기 시작했다. 선생님이 염색하지 말라고 하시면 염색했고, 파마하지 말라고 하시면 파마를 했다. 하지 말라고 하는 건 다 하고 싶었다. 그러다 보니 나도 모르게 우리 반의 요주 인물이 되어 매일 시끄러운 상황을 일으켰다. 그런 나에게 우리 반 담임선생님은 사랑의 매와 벌도 많이 주셨지만, 나를 포기하진 않으셨다. 오히려 외모에 관심이 많고, 꾸미는 것을 좋아한다고 하여 미용 쪽으로의 배움을 권유해주셨다.

그 후 나는 무언가에 홀린 사람처럼 미용을 배우겠다고 부모님께 선포하였다. 예상대로 부모님은 반대하셨다. 뜬금없이 미용이라는 업종도 마음에 들지 않으셨겠지만, 집의 형편도 점점 어려워져 학원비조차 낼 돈이 없었다. 모든 상황이 화가 났다. 예전 같았으면 부모님의 반대에 저항 한 번 제대로 해보지 못하고 포기했겠지만, 그러기에 나는 너무 오랫동안 많은 것들을 참고 살았다. 대수롭지 않게 넘겼던 피아노를 그만둔 얘기부터, 그동안 나에게 제대로 해준 것이 무엇이 있느냐 라는 막장 드라마 대사 같은 말들로 부모님 가슴에 비수를 꽂았다. 말로 해서 안 되자 반발심을 행동으로 표현하기 시작했다. 단식투쟁도 해보고, 집에도 잘 들어오지 않았으며 학교도 잘 나가지 않았다. 나날이 나의 악행이 잦아지자 부모님은 드디어 두 손 두 발을 다 드셨다.

참 어렵게 미용학원에서의 배움을 시작했다. 세계 최고의 헤어디자이너가 되겠다고 결심했다. 그러나 그 포부는 오래가지 않았다. 처음엔 내가 난생 처음 스스로 하고 싶다고 생각한 일을 시작하게 된 것이 진심으로 행복했지만, 점차 나는 다시 흔들리기 시작했다.

그러고 보면 한 번도 인생에 대해서 진지하게 생각해본 적이 없었다. 그저 주어진 대로 흘러가는 대로 인생에 의문점 한 번 없이 숨만 쉬며 살았던 것 같다. 갑자기 밀려드는 여러 감정들과 생각들, 의문점들에 혼란스러운 와중에도 집에서 부모님의 싸움은 극에 달해갔고 나는 방구석에 혼자 처박혀 우는 날이 많아졌다. 내면과 집에서의 힘듦은 학교에서도 고스란히 이어졌다. 모든 것들이 못마땅한 나는 학교생활에 제대로 적응하지 못했다. 그리고 결정적으로 우연히 여자화장실에서 볼일을 보던 중 문 밖에서 내가 모르는 여자애들이 나에 대한 뒷말을 하고 있는 것을 들었는데 가히 충격이 아닐 수가 없었다. 나는 내가 피해보더라도 남에게는 피해를 안 끼치려고 노력하고 또 노력하며 살아왔는데 그런 결심들이 한 번에 무너지는 순간이었다. 분노하다 못해 삶의 의욕을 잃었다. 지금 생각해보면 별일 아니라고 대수롭지 않게 넘길 수도 있겠지만, 그때 당시엔 세상 모든 것들이 다 처음 겪는 일들처럼 예민하고 아팠다. 갈 곳이 없었다. 집도 싫었고, 학교도 싫었다. 사람들은 나에게 다 경계 대상이었다. 의지할 곳도, 의지할 사람도 없이 나는 점점 혼자가 되어 나 자신에게 못할 짓도 많이 했다.

학교에서는 보다 못해 청소년 상담센터에 의뢰를 해 내 편이 되어줄 상담 선생님 한 분을 붙여 주었다. 이미 우울증과 대인기피증이 심해 어느 누구에게도 곁을 줄 생각도, 여유도 없었지만 내가 단단히 쳐 놓은 마음의 벽을 천천히 허물고 들어오시는 분이었다. 상담 선생님과 같이 병원도 다니고 약도 꼬박꼬박 먹었다. 그러나 있던 일이 없던 일이 되고, 현실이 달라지는 것은 아니었다. 마음의 변화가 없으니 약을 먹어도 아무런 효과가 없었다. 그렇게 별다를 것 없이 시간은 흘러가 상담 선생님과의 정해진 상담 기간도 끝이 보이기 시작했다.

마지막 상담 날이었다. 선생님께서는 책 한 권을 가방에서 조심스럽게 꺼내어 내게 건네주셨다. 《사랑하라 한 번도 상처받지 않은 것처럼》이라는 시집이었다. 이 시집을 읽고 내 마음이 조금이나마 위안받고 평안해지길 바란다고 말씀하셨다. 시란 교과서에만 나오는 딱딱하고 일일이 해석해야만 이해할 수 있는 이상한 글이라고만 생각해서 처음엔 그 선물이 마음에 들지 않았다.

시집을 집에 들고 와서 책꽂이에 바로 꽂으려다 '선생님이 나에게 어떤 마음으로 시집을 주셨을까?' 생각하며 시를 한 편 두 편 읽기 시작했다. 이때 정말로 많이 울었던 기억이 난다. 진정으로 위안이 된다는 것이 어떤 느낌인지, 아무도 내 마음을 이해할 수 없을 거라 생각했는데 내 마음을 그대로 심어다 놓고 읽는 느낌이었다. 내가 보고 싶은 글들을 보았고, 내가 듣고 싶은 말들을 들었다. 세상에는 나의 아픔 말고도 여러 가지 더한 아픔들이 있고, 다들 이렇게 매일을 이겨내며 살고 있다는 것을 깨달았다. 이것은 나만의 문제가 아니다. 삶은 흔들리는 것이니까, 내가 흔들리는 것은 당연한 것 아닌가. 세상을 보는 눈이 달라지고, 보이지 않았던 답들이 보이기 시작했다. 그렇게 나는 시를 읽으며 시와 함께 어둠 속에서 헤어나오기 시작했다.

아픔은 아픔을 겪어본 사람만이 안다. 그 아픔이 크건 작건 당자가 아닌 이상 아무도 판단하고 이해할 수 없다. 당시엔 엄청난 고통의 쓰나미일 수도 있고, 술 한 잔 먹고 털어버릴 수 있는 가벼운 아픔일 수도 있다. 그로 인해 인생 전체가 송두리째 흔들릴 수도 있고 아닐 수도 있다. 어떤 일이든 극복 하는 것은 본인의 몫이다. 누구도 당자 대신 아파줄 수 없고, 해결할 수 없다.

평범한 사람들은 그저 아름답고 재미있는 추억으로 남았을 고교 시절이 내게는 가장 큰 아픔이었지만 그로 인해 나는 남들보다 한층 더 성장했다고 생각한다. 글의 힘을 알게 됐고, 시를 접하는 계기가 되었으니 결코 후회하지 않을 값진 경험인 셈이다. 나에겐 이제 확실한 꿈이 있다. 대한민국 일류 시인이 되는 것. 단순히 삶을 노래하는 시인이 아닌, 아픔의 선상에서 길을 잃고 헤매고 있는 사람들에게 아픔의 정도와 시간을 단축시키고 공감하는, 한줄기 빛이 되는 시를 쓰는 시인, 그리하여 그들을 밝은 길로 인도할 수 있는 방랑자들의 길목 같은 되는 시인이 되고 싶다. 그리고 늘 나의 꿈을 응원해 주시는, 지금 내가 몸담고 있는 〈한책협〉의 김태광 총수님과 권동희 회장님과 함께라면 어떠한 난관에도 내가 꿈꾸는 모든 것들을 이룰 수 있을 것이라고 확신한다.

37

책을 써서 제2의 인생 살기

— 이향미

학습지교사, 동기부여가, 자기계발 작가
두 번째 사춘기를 맞으며 진정으로 하고 싶은 일을 하면서 주변을 돌보는 삶을 살고 싶다. 현재 갓 군에 간 아들과 알바와 학교를 병행하는 딸을 둔 엄마이면서 10여 년째 학습지교사로 지내고 있는 워킹맘이다. 두 아이의 양육경험과 학습지교육의 근무경험을 바탕으로 청춘들에게 동기부여를 하고자 한다.
• E-mail_ lhm229940@naver.com

나는 학습지교사이다. 이름을 말하면 알 수 있는 큰 학습지회사에서 거의 13여 년을 일했다. 처음 3개월은 내가 담당할 부문의 교재를 연구하기 위해서 집에 갖다 놓고, 매일 공부하기가 바빴다. 아이들의 학습을 코칭한다는 것은 기본적으로 내용을 파악하고 있을 뿐만 아니라, 쉽게 아이들의 귀에 쏙쏙 들어오도록 가르치는 일이 기본이 되어야 한다. 일을 시작한 초반에는 코칭에 대한 방법이 익숙하지 않아서 매일 복습의 연속이었다. 방문교사로 일하면서도 오전에는 집안일도 하고, 개인 일도 보면서 교재 연구도 하며 오전, 또는 오후에 출근해서 늦게까지 수업하고 돌아오곤 했다.

책을 좋아한 나는 회원 집에서 책을 빌려 읽기도 했다. 나에게는 내가 방문하는 집이 도서관이었다. 매주 만나는 회원, 직장동료, 가족과 함께 현재의 생활을 하며 책에 빠져 또 다른 사람을 만나며 다른 세계의 세상으로 여행도 하면서 새로운 꿈을 키우기 시작했다.

'나도 성공하고 싶다.'

'어떻게 하면 될까?'

'고전을 읽으면 시대와 장소를 초월하여 감동을 주다니 대단하구나!'

나는 독서를 하며 막연하게 '나도 작가가 되고 싶다!'라고 생각하며 꿈을 갖게 되었다.

회사에 러닝센터라는 것이 생기면서 내가 발로 뛰어 회원 집에 방문하는 수업을 적게 하는 대신에, 아이들이 센터에 와서 공부하는 곳이 마련되었다. 러닝센터에서의 수입이 더 많다고 해서 부푼 희망을 안고 센터교사로 일하게 되었다.

러닝센터는 아이들한테는 더 많은 서비스를 제공할 수는 있지만 이른 출근, 예전과 똑같은 퇴근, 더 많은 토요근무를 하게 되며 일에 매이는 시간이 더 길어지다 보니 여러 고민이 들었다.

'나는 왜 사는가?'라는 생각이 들면서, 취미생활도 멀리하고, 종교생활도 거의 하지 않은 채 살아가고 있었다. 결국, 센터교사는 접고 방문교사로 돌아가기로 했다.

그러나 방문교사의 자리가 나지 않아서 두 달을 잠깐 쉬게 되었다. 10여 년 넘게 한 번도 쉬지 않고 일해 오다 일이 없으니 통장에 들어오는 돈이 없음에 실감이 났다. 그동안 건강함에 감사하고, 일이 있음에 감사했다. 또한 일을 할 수 있음에 감사하고, 매달 15일에 꼬박꼬박 들어오는 수입에 감사해야 했다.

그렇다면 나의 건강이 허락하지 않아서 일을 쉴 수밖에 없는 상황이거나, 내가 나이가 많아져서 고객이 나를 거절하는 상황만 상상해도 막막했다. 아직은 다가올 미래에 대한 대책이 없었다. 당장 일하지 않으면 나의 생활은 힘들어지는 현실이었다. 서울 하늘 아래에서 숨을 쉬고 있다는 것은 돈을 쓰고 있는 것과 같은 것인데, 극단적으로 폐휴지를 줍는 할머니의 모습까지 떠오르면서 불안감이 엄습해왔다.

일을 쉬는 틈을 타서, 일주일의 시간동안 경상남도 경주로의 여행을 다녀왔다. 그러나 새로운 계획은 마땅히 세워지지 않았고, 여전히 미친 듯이 책만 읽고 싶었다. 그래서 미래에 대한 방법을 찾기로 했다.

남은 인생은 지금의 삶을 유지하기보다는, 제2의 인생을 살아야 한다.

주위를 둘러보아도 아흔이 넘으신 많은 어르신들이 건강하게 살아 계신 걸로 봐서는 요즘엔 아프지 않으면 100세 인생이다. 나보다 인생을 오래 사신 어르신들이 하는 말씀은 "하고 싶은 일을 해라. 취미를 생업으로 하라."라는 말이 대부분이다. 그렇다면 나의 취미는 무엇이고, 어떤 일을 하면서 살아야 행복한지 생각해봤다. 바로 독서였다.

어느 날 아들을 통하여 강북문화정보센터를 알게 되었고, 도서 회원증을 만들었다. 회원이 되니 한 번에 책을 5권을 빌려 2주를 볼 수 있고, 어플을 설치해서 집에서도 스마트폰으로 도서 대여가 일주일 연장도 가능해졌다. 집 가까이에 미아주민센터가 새로 단장하면서 5층에는 도서관이 생겨서 시간이 날 때마다 동네 어귀에 차를 주차하고 주민센터에서 독서를 하거나, 시간이 여의치 않을 때는 제목만 보고는 관심이 가는 대로 대여하면서 책을 읽었다. 책을 읽을수록 무엇인가 힘을 얻게 되었고, 긍정적인 에너지를 받으며 스스로 변화하는 것을 느꼈다.

김태광 작가의 《마흔, 당신의 책을 써라》라는 책을 손에 쥐고 퇴근해서 읽으며 책에 안내된 카페에 가입을 하였다. 가입 후에 일일 특강에 초대한다고 전화가 왔다. 고민하다가 일일특강에 참여해보기로 결정하고는 카페에 들어가 김태광 작가 출간한 책들을 찾아보았다. 그 중에서 《미셸처럼 공부하고 오바마처럼 도전하라》라는 책은 이미 전에 읽은 적이 있다는 사실을 깨달았다. '이런 분의 책 쓰기 코칭을 받아보자. 아이들도 공부하는 방법을 단계별로 안내했을 때 더 잘 이해하고 공부가 더욱 효과적이었던 것처럼 나도 책 쓰는 방법을 체계적으로 배워보자'라는 생각이 들었고, 곧바로 실행에 옮겼다. 나는 현재 체계적인 글 쓰기 방법을 차근차근 배우고 있는 중이다.

앞으로는 책을 읽는 것에서 머무르지 않고, 즐겨봤던 책과 같은 동기부여 되는 책을 써서 작가로서의 능동적인 삶을 살고 싶다.

되고 싶고 하고 싶고 갖고 싶은 37가지

초판 1쇄 인쇄 2016년 01월 27일
초판 1쇄 발행 2016년 01월 30일

지 은 이　김태광·이승열 외 35인
펴 낸 이　권동희
펴 낸 곳　위닝북스
브 랜 드　시너지북
기　　획　김태광
책임편집　안혜리
디 자 인　이현은
교정교열　이양이
마 케 팅　김보람 신태용 이석풍

출판등록　제312-2012-000040호
주　　소　경기도 성남시 분당구 수내동 16-5 오너스타워 407호
전　　화　070-4024-7286
이 메 일　synergybook@naver.com
홈페이지　www.wbooks.co.kr

ⓒ시너지북(저자와 맺은 특약에 따라 검인을 생략합니다)
ISBN 979-11-85421-68-1 (03190)

이 도서의 국립중앙도서관 출판도서목록(CIP)은 서지정보유통지원시스템
홈페이지(http://seoji.nl.go.kr)와 국가자료공동목록시스템(http://www.nl.go.
kr/kolisnet)에서 이용하실 수 있습니다.(CIP제어번호: CIP2016000918)

시너지북은 독자 여러분의 책에 관한 아이디어와 원고 투고를 설레는
마음으로 기다리고 있습니다. 책으로 엮기를 원하는 아이디어가 있으신 분은
이메일 synergybook@naver.com으로 간단한 개요와 취지, 연락처등을
보내주세요. 망설이지 말고 문을 두드리세요. 꿈이 이루어집니다.

시너지북은 위닝북스의 브랜드입니다.

※ 책값은 뒤표지에 있습니다.
※ 잘못 만들어진 책은 구입하신 서점에서 교환해 드립니다.